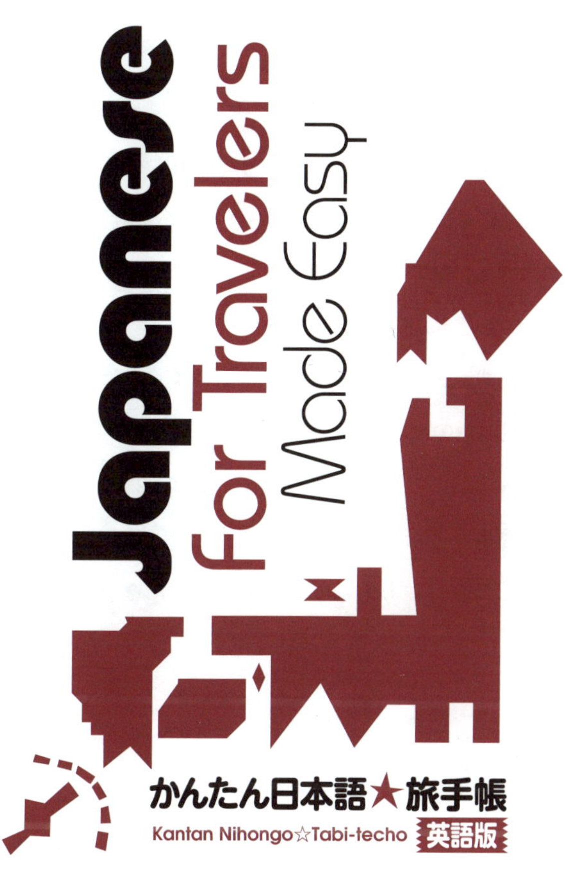

かんたん日本語 ★ 旅手帳 英語版

Kantan Nihongo ☆ Tabi-techo

清ルミ 著
Sei Rumi

Jリサーチ出版

はじめに

　この本は、主に観光や出張で短期に日本を訪れる外国人のために作りました。日本人とちょっとした会話をしたり、日本の文化に触れたりしながら、日本での滞在を存分に楽しんでいただきたいと思います。

　本の構成は大きく３つに分かれています。それぞれのパートで日本語の基本情報、場面別の基本フレーズ、会話実践に役立つTIPSを紹介しています。採り上げた表現は、①簡単、②伝わる、③使いやすい、の３つを心がけました。ぜひ旅行のお供にして活用してください。グッドラック！

清ルミ

Foreword

This book was written primarily for people from abroad who are sightseeing in Japan or who are on short-term business trips in the country. I hope that the book can help you converse a little with Japanese people as you experience Japanese culture so that you can fully enjoy your stay in Japan.

The book is divided into three main sections. Each part introduces basic information about Japanese language, key phrases for various situations, and useful tips for conversing. I have striven to select expressions that have the three merits of simplicity, communicativeness, and ease of use. Please utilize the book as a travel companion. Good luck!

Rumi Sei

Table of Contents

❓○○案内所
ようこそ○○へ
ようこそ○○へ

How to Use This Book

PART 1 The ABCs of Japanese

Introduces the Basics of Japanese

PART 2 Basic Phrases by Situation

Introduces in Seven Different Settings Key Phrases Often Used When Traveling.

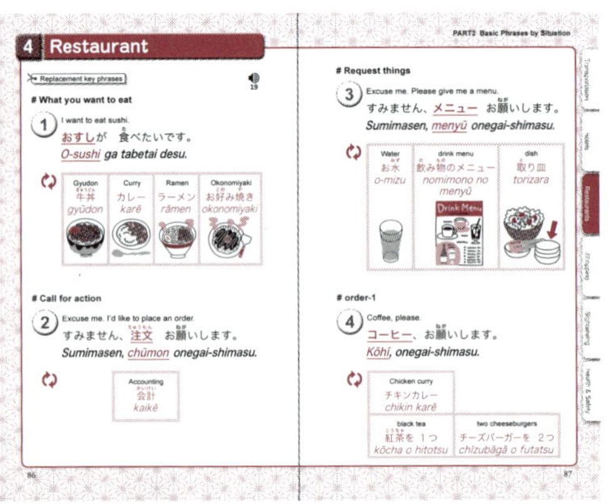

Expands variation in expression by using substitution drills of parts of key phrases.

★ Gives plenty of English hints for each situation and circumstance.

Set expressions often used in each situation.

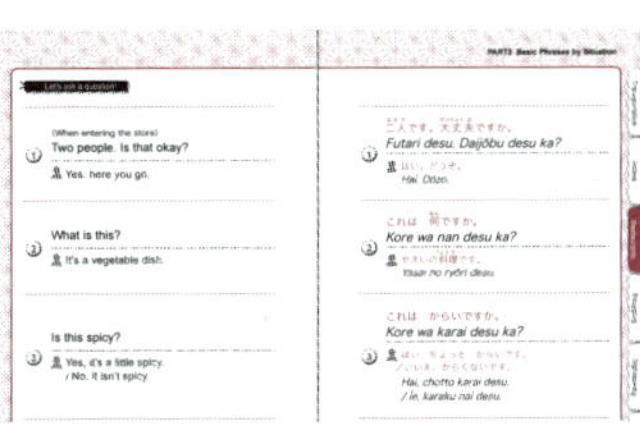

Concrete examples of questions and short answers

Phrases often used in various situations by the person one is speaking to.

★ Expressions used by store personnel or Japanese who accompany you shopping

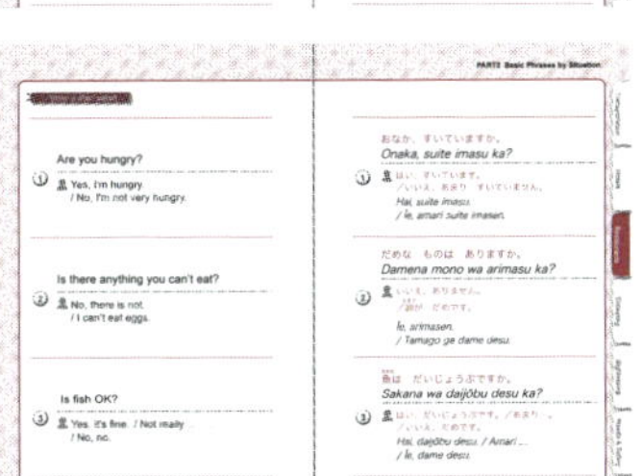

PART 3 Mini Practical Guide to Better Know Japan

Useful basic knowledge and practical guide when encountering Japanese culture

Word index, Phrases index, Travel Vocabulary Collection,etc.

Use these for wrapping up your studies and looking up vocabulary words.

 How to Download Voice Data

STEP 1 Visit the website for this product! This can be done in three ways.

- Scan this QR code to visit the page.
- Visit **https://www.jresearch.co.jp/ book/b506972.html**
- Visit J Research's website (https://www.jresearch. co.jp/), enter the title of the book in "Keyword," and search for it.

STEP 2 Click the 「音声ダウンロード」 (Voice Data Download) button  the page!

STEP 3 Enter the username "**1001**" and the password "**24833**"!

STEP 4 Use the voice data in two ways! Listen in the way that best matches your learning style!

- Download voice files using the "Download All Voice Files" link, then listen to them.
- Press the ▶ button to listen to the voice data on the spot.

* Downloaded voice files can be listened to on computers, smartphones, and so on. The download of all voice files is compressed in .zip format. Please extract the files from this archive before using them. If you are unable to extract the files properly, they can also be played directly.

For inquiries regarding voice file downloads, please contact :
toiawase@jresearch.co.jp
(Business hours: 9 AM – 6 PM on weekdays)

PART 1
The ABCs of Japanese

はじめまして
アロハ

1 Characteristics of Japanese

❶ Grammar
—Japanese sentences are very simple.

Word Order   SOV. However, there restrictions on word order is very loose.

Omission of Words   Japanese is a high contxet language. Words are often omitted when one can understand the rest from the situation or context. In particular, 'I' is omitted very often in a sentence.

Particle as a word controller   There are particles that come after words in Japanese. These are very important words in determining the function of a sentence, establishing whether the word before the particle is an object, a subject, or a method. It is completely fine to omit these in survival Japanese. That is why in this text such postpositional particles are written in light print.

Ex. へやは　しずかです。
Heya wa shizuka desu. The room is quiet.

No difference   In general, Japanese words do not distinguish between male and female or single and plural.

Tense is simple   In general, there are only two tenses. The present and future tense use「〜ます」, while the past tense uses「〜ました」.

Forming Questions   Forming questions is simple. All you have to do is add「か」at the end of a sentence.

> **Helpful Tips**
>
> Honorific language is often used when speaking Japanese to a customer, someone superior in rank, or a stranger.

❷ Characters
—Japanese uses two syllabaries and one set of ideograms.

Hiragana and Katakana　Syllabaries.

Ex.　**hiragana**; はい *hai* (yes)　　**katakana**; ハイ *hai* (high)

Katakana is primarily used to write words with a foreign origin.

Kanji　Ideograms. One kanji can have many types of readings, but it is simple if you remember their meanings as signs or pictures.

Ex.　入口 entrance（入→enter　口→mouth）
出口 exit（出→go out　口→mouth）

❸ Sound system
—Japanese sounds are very simple.

Basic sounds　There are five vowels.「あ」「い」「う」「え」「お」.

Sound Length　Every sound is one syllable long. It is said that the language sounds like a machine gun, going *da, da, da ...*.

Intonation　Japanese uses high and low pitch for intonation. There are no stressed and unstressed accents as there are in English. The first and second sound of a word will always have different pitches.

Ex.　雨（*ame*, high–low）rain　飴（*ame*, low–high）candy

One way to speak politely is to add「お」or「ご」to the beginning of a word.
Ex.　おへや *o-heya* (room)　　ご利用 *go-riyo* (use)

Hiragana
ひらがな

03

	-a	-i	-u	-e	-o		-ya	-yu	-yo
	あ *a*	い *i*	う *u*	え *e*	お *o*				
k-	か *ka*	き *ki*	く *ku*	け *ke*	こ *ko*		きゃ *kya*	きゅ *kyu*	きょ *kyo*
g-	が *ga*	ぎ *gi*	ぐ *gu*	げ *ge*	ご *go*		ぎゃ *gya*	ぎゅ *gyu*	ぎょ *gyo*
s-/sh-	さ *sa*	し *shi*	す *su*	せ *se*	そ *so*		しゃ *sha*	しゅ *shu*	しょ *sho*
z-/j-	ざ *za*	じ *ji*	ず *zu*	ぜ *ze*	ぞ *zo*		じゃ *ja*	じゅ *ju*	じょ *jo*
t-/ch-/ts-	た *ta*	ち *chi*	つ *tsu*	て *te*	と *to*		ちゃ *cha*	ちゅ *chu*	ちょ *cho*
d-/j-/z-	だ *da*	ぢ *ji*	づ *zu*	で *de*	ど *do*		ぢゃ *ja*	ぢゅ *ju*	ぢょ *jo*
n-	な *na*	に *ni*	ぬ *nu*	ね *ne*	の *no*		にゃ *nya*	にゅ *nyu*	にょ *nyo*
h-/f-	は *ha*	ひ *hi*	ふ *fu*	へ *he*	ほ *ho*		ひゃ *hya*	ひゅ *hyu*	ひょ *hyo*
b-	ば *ba*	び *bi*	ぶ *bu*	べ *be*	ぼ *bo*		びゃ *bya*	びゅ *byu*	びょ *byo*
p-	ぱ *pa*	ぴ *pi*	ぷ *pu*	ぺ *pe*	ぽ *po*		ぴゃ *pya*	ぴゅ *pyu*	ぴょ *pyo*
m-	ま *ma*	み *mi*	む *mu*	め *me*	も *mo*		みゃ *mya*	みゅ *my*	みょ *myo*
y-	や *ya*		ゆ *yu*		よ *yo*				
r-	ら *ra*	り *ri*	る *ru*	れ *re*	ろ *ro*		りゃ *rya*	りゅ *ryu*	りょ *ryo*
w-	わ *wa*								
	ん *n*								

Examples of words

Japan	にほん ／にっぽん＊ *Nihon* */Nippon*	station	えき *eki*	
Japanese	にほんご ／にほんじん *Nihongo* */ Nihonjin*	ticket	きっぷ *kippu*	
Tokyo	とうきょう Tōkyō	adult	おとな *otona*	
sushi	すし *sushi*	child	こども *kodomo*	
morning	あさ *asa*	change	おつり *otsuri*	
today	きょう kyō	Yes	はい *Hai*	
money	おかね *o-kane*	No	いいえ *Īe*	

＊ Use of the name "*Nippon*" is conspicuous during the Olympics or other sports events, but "*Nihon*" is normally more common.

Katakana
カタカナ

04

	-a	-i	-u	-e	-o		-ya	-yu	-yo
	ア *a*	イ *i*	ウ *u*	エ *e*	オ *o*				
k-	カ *ka*	キ *ki*	ク *ku*	ケ *ke*	コ *ko*		キャ *kya*	キュ *kyu*	キョ *kyo*
g-	ガ *ga*	ギ *gi*	グ *gu*	ゲ *ge*	ゴ *go*		ギャ *gya*	ギュ *gyu*	ギョ *gyo*
s-/sh-	サ *sa*	シ *shi*	ス *su*	セ *se*	ソ *so*		シャ *sha*	シュ *shu*	ショ *sho*
z-/j-	ザ *za*	ジ *ji*	ズ *zu*	ゼ *ze*	ゾ *zo*		ジャ *ja*	ジュ *ju*	ジョ *jo*
t-/ch-/ts-	タ *ta*	チ *chi*	ツ *tsu*	テ *te*	ト *to*		チャ *cha*	チュ *chu*	チョ *cho*
d-/j-/z-	ダ *da*	ヂ *ji*	ヅ *zu*	デ *de*	ド *do*		ヂャ *ja*	ヂュ *ju*	ヂョ *jo*
n-	ナ *na*	ニ *ni*	ヌ *nu*	ネ *ne*	ノ *no*		ニャ *nya*	ニュ *nyu*	ニョ *nyo*
h-/f-	ハ *ha*	ヒ *hi*	フ *fu*	ヘ *he*	ホ *ho*		ヒャ *hya*	ヒュ *hyu*	ヒョ *hyo*
b-	バ *ba*	ビ *bi*	ブ *bu*	ベ *be*	ボ *bo*		ビャ *bya*	ビュ *byu*	ビョ *byo*
p-	パ *pa*	ピ *pi*	プ *pu*	ペ *pe*	ポ *po*		ピャ *pya*	ピュ *pyu*	ピョ *pyo*
m-	マ *ma*	ミ *mi*	ム *mu*	メ *me*	モ *mo*		ミャ *mya*	ミュ *my*	ミョ *myo*
y-	ヤ *ya*		ユ *yu*		ヨ *yo*				
r-	ラ *ra*	リ *ri*	ル *ru*	レ *re*	ロ *ro*		リャ *rya*	リュ *ryu*	リョ *ryo*
w-	ワ *wa*								
	ン *n*								

Examples of words

coffee	コーヒー *coffee*	hotel	ホテル *hoteru*
sandwich	サンドイッチ sandoicchi	front desk	フロント furonto
ramen	ラーメン *rāmen*	TV set	テレビ *terebi*
lunch	ランチ ranchi	bus	バス basu
toilet	トイレ *toire*	taxi	タクシー takushī
elevator	エレベーター *erebētā*	card	カード kādo
escalator	エスカレーター *esukarētā*	service charge	チャージ chāji

📘 One-point advice

When katakana represents loanwords, the words are arranged in a Japanese style and are not adopted in their original form. Another characteristic of this phenomenon is that the loanword often has four syllables, as in "*eakon*" for air conditioner and "*depāto*" for department store.

Numbers

すうじ
Sūji

05

1-20			
1	いち ichi	11	じゅういち *jūichi*
2	に ni	12	じゅうに *jūni*
3	さん san	13	じゅうさん *jūsan*
4	よん／し yon / shi	14	じゅうよん *jūyon*
5	ご go	15	じゅうご *jūgo*
6	ろく roku	16	じゅうろく *jūroku*
7	なな／しち nana / shichi	17	じゅうしち *jūshichi*
8	はち hachi	18	じゅうはち *jūhachi*
9	きゅう／く kyū	19	じゅうきゅう *jūkyū*
10	じゅう jū	20	にじゅう *nijū*

10-100	
10	じゅう *jū*
20	にじゅう *nijū*
30	さんじゅう *sanjū*
40	よんじゅう *yonjū*
50	ごじゅう *gojū*
60	ろくじゅう *rokujū*
70	ななじゅう *nanajū*
80	はちじゅう *hachijū*
90	きゅうじゅう *kyūjū*
100	ひゃく *hyaku*

10-1000			1000-10000			10000-100000	
100	ひゃく *hyaku*		1000	せん *sen*		10000	いちまん *ichiman*
200	にひゃく *nihyaku*		2000	にせん *nisen*		20000	にまん *niman*
300	さんびゃく *sanbyaku*		3000	さんぜん *sanzen*		30000	さんまん *sanman*
400	よんひゃく *yonhyaku*		4000	よんせん *yonsen*		40000	よんまん *yonman*
500	ごひゃく *gohyaku*		5000	ごせん *gosen*		50000	ごまん *goman*
600	ろっぴゃく *roppyaku*		6000	ろくせん *rokusen*		60000	ろくまん *rokuman*
700	ななひゃく *nanahyaku*		7000	ななせん *nanasen*		70000	ななまん *nanaman*
800	はっぴゃく *happyaku*		8000	はっせん *hassen*		80000	はちまん *hachiman*
900	きゅうひゃく *kyūhyaku*		9000	きゅうせん *kyūsen*		90000	きゅうまん *kyūman*
1000	せん *sen*		10000	いちまん *ichiman*		100000	じゅうまん *jūman*

Ex.

780 yen

780 円
ななひゃくはちじゅう えん
nanahyaku hachijū en

149,800 yen

149,800 円
じゅうよんまんきゅうせんはっぴゃく えん
jūyonman kyūsen happyaku en

Time

06

じかん
Jikan

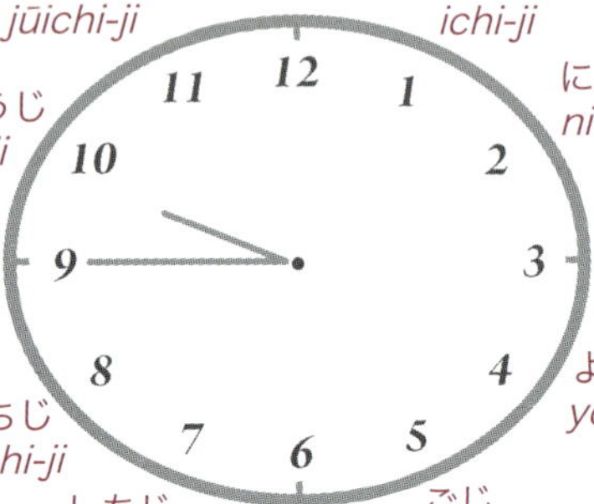
12
1
2
3
4
5
6
7
8
9
10
11
じゅうにじ jūni-ji
いちじ ichi-ji
にじ ni-ji
さんじ san-ji
よじ yo-ji
ごじ go-ji
ろくじ roku-ji
しちじ shichi-ji
はちじ hachi-ji
くじ ku-ji
じゅうじ jū-ji
じゅういちじ jūichi-ji

なんじ？
Nan-ji?

1	いっぷん *ip-pun*	6	ろっぷん *rop-pun*	11	じゅういっぷん *jūip-pun*	20	にじゅっぷん *nijup-pun*
2	にふん *ni-fun*	7	ななふん *nana-fun*	12	じゅうにふん *jūni-fun*	30	さんじゅっぷん ＝はん *sanjup-pun = han*
3	さんぷん *san-pun*	8	はちふん *hachi-fun*	13	じゅうさんぷん *jūsan-pun*	40	よんじゅっぷん *yonjup-pun*
4	よんぷん *yon-pun*	9	きゅうふん *kyū-fun*			50	ごじゅっぷん *gojup-pun*
5	ごふん *go-fun*	10	じゅっぷん *jup-pun*				

なんぷん？
Nan-pun?

Ex. 9:45 : くじよんじゅうごふん
ku-ji yonjūgo-fun

07

One day

一日
ichi-nichi

morning	あさ *asa*
noon / day	ひる *hiru*
late afternoon	ゆうがた *yūgata*
evening / night	ばん / よる *ban / yoru*

a.m.	ごぜん *gozen*
p.m.	ごご *gogo*

ごぜん 10 時
gozen jū-ji

ごご 10 時
gogo jū-ji

Characteristics of Japanese

Number

The most important parts of Japanese sentences

Calendar

カレンダー
Karendā

08

Sun	日（曜日） にちようび *nichi-yōbi*	
Mon	月 げつようび *getsu-yōbi*	
Tue	火 かようび *ka-yōbi*	
Wed	水 すいようび *sui-yōbi*	
Thu	木 もくようび *moku-yōbi*	
Fri	金 きんようび *kin-yōbi*	
Sat	土 どようび *do-yōbi*	

1	ついたち *tsuitachi*	16	じゅうろくにち *jūroku-nichi*
2	ふつか futsuka	17	じゅうしちにち *jūshichi-nichi*
3	みっか *mikka*	18	じゅうはちにち *jūhachi-nichi*
4	よっか *yotsuka*	19	じゅうくにち *jūku-nichi*
5	いつか *itsuka*	20	はつか hatsuka
6	むいか *muika*	21	にじゅういちにち *nijūichi-nichi*
7	なのか *nanoka*	22	にじゅうににち *nijūni-nichi*
8	ようか yōka	23	にじゅうさんにち *nijūsan-nichi*
9	ここのか *kokonoka*	24	にじゅうよっか *nijūyokka*
10	とおか tōka	25	にじゅうごにち *nijūgo-nichi*
11	じゅういちにち *jūichi-nichi*	26	にじゅうろくにち *nijūroku-nichi*
12	じゅうににち *jūni-nichi*	27	にじゅうしちにち *nijūshichi-nichi*
13	じゅうさんにち *jūsan-nichi*	28	にじゅうはちにち *nijūhachi-nichi*
14	じゅうよっか *jūyokka*	29	にじゅうくにち *nijūku-nichi*
15	じゅうごにち *jūgo-nichi*	30	さんじゅうにち *sanjū-nichi*
		31	さんじゅういちにち *sanjjūichi-nichi*

What day?	なんにち？ *Nan-nichi?*	What day of the week?	なんようび？ *Nan-yōbi?*

·Year, Month, Week·

09

Yesterday, Today, Tomorrow

yesterday	きのう *kinō*
today	きょう *kyō*
tomorrow	あした／あす *ashita / asu*

Year

last year	きょねん *kyo'nen*
this year	ことし *kotoshi*
next year	らいねん *rainen*

Months of the Year

Jan	1月 いちがつ *ichi-gatsu*	July	7月 しちがつ *shichi-gatsu*
Feb	2月 にがつ *ni-gatsu*	Aug	8月 はちがつ *hachi-gatsu*
Mar	3月 さんがつ *san-gatsu*	Sept	9月 くがつ *ku-gatsu*
Apr	4月 しがつ *shi-gatsu*	Oct	10月 じゅうがつ *jū-gatsu*
May	5月 ごがつ *go-gatsu*	Nov	11月 じゅういちがつ *jūichi-gatsu*
Jun	6月 ろくがつ *roku-gatsu*	Dec	12月 じゅうにがつ *jūni-gatsu*

Month

last month	せんげつ *sengetsu*
this month	こんげつ *kongetsu*
next month	らいげつ *raigetsu*

Week

last week	せんしゅう *senshū*
this week	こんしゅう *konshū*
next week	らいしゅう *raishū*

Characteristics of Japanese

Number

The most important parts of Japanese sentences

The most important parts of Japanese sentences

10

Here are the most important parts that make up Japanese sentences.

Be   A=B, A is B

〜です（AはBです）
~desu (A wa B desu)

Noun + *desu*

I am a vegetarian.
: わたしは　ベジタリアン**です**。
Watashi wa bejitarian **desu**.

This is tea.
: これは　こうちゃ**です**。
Kore wa kōcha **desu**.

Adjective + *desu*

Here is close to the station.
: 駅は　近い**です**。
Eki wa chikai **desu**.

The room is quiet.
: へやは　しずか**です**。
Heya wa shizuka **desu**.

2 | Verb

〜ます
~masu

| I run every morning. | まいあさ、はしり**ます**。
*Maiasa, hashiri**masu**.* |
| I will rest a bit. | 少し　休み**ます**。
*Sukoshi yasumi**masu**.* |

3 | Japanese particles case marker

〜を（N を V ます）
~o (N o V masu)

| I drink coffee. | コーヒー<u>を</u>　飲みます。
*Kōhī <u>o</u> nomi**masu**.* |
| I buy clothes. | ふく<u>を</u>　買います。
*Fuku <u>o</u> kai**masu**.* |

4 | Indicates a subject or topic

〜は
~ wa

| I am Canadian. | わたし<u>は</u>　カナダ人です。
Watashi <u>wa</u> Kanadajin desu. |
| I will watch sumo for the first time. | すもう<u>は</u>　はじめて　見ます。
Sumō <u>wa</u> hajimete mimasu. |

Characteristics of Japanese

Number

The most important parts of Japanese sentences

Indicates a subject emphasize

〜が
~ ga

3 o'clock is good.	3時が いいです。 *San-ji ga ī desu.*
Where is good?	どこが いいですか。 *Doko ga ī desu ka?*

Indicates a time or place

〜に
~ ni

go to Kyoto	京都に 行きます。 *Kyōto ni ikimasu.*
be in a hotel	ホテルに います。 *Hoteru ni imasu.*
put in a box	はこに 入れます。 *Hako ni iremasu.*
I wake up at 7.	7時に おきます。 *Shichi-ji ni okimasu.*

7 Indicates a means or way

〜で
~ *de*

I go by train.
電車で 行きます。
Densha **de** *ikimasu.*

I pay by card.
カードで 払います。
Kādo **de** *haraimasu.*

I go alone.
一人で 行きます。
Hitori **de** *ikimasu.*

I wait at the station.
駅で 待ちます。
Eki **de** *machimasu.*

8 Modifies a noun

〜の〜
~ *no* ~

my bag
わたしの かばん
watashi **no** *kaban*

a map of Tokyo
東京の 地図
Tōkyō **no** *chizu*

the room's key
へやの かぎ
heya **no** *kagi*

★ Only the omission of the particles "*de*" and "*no*" can lead to misunderstandings, so please do not drop them. That is also why they are not represented in light print.

Indicates negative sentence

〜ません
~ masen

I do not know the price.	ねだんは わかり**ません**。 *Nedan wa wakari**masen**.*
I will not go.	わたしは 行き**ません**。 *Watashi wa iki**masen**.*

10

Indicates a question

〜か
~ ka?

What time is it now?	いま 何時です**か**。 *Ima nan-ji desu **ka**?*
Does that taste good?	おいしいです**か**。 *Oishī desu **ka**?*

11

Indicates a past action

〜ました
~ mashita

I went to Asakusa yesterday.	きのう、浅草に 行き**ました**。 *Kinō, Asakusa ni iki**mashita**.*
I bought presents.	おみやげを 買い**ました**。 *O-miyage o kai**mashita**.*

# 4 | Almighty key phrases

11

You can express various things in various situations with very simple words!

1 Thank you

どうも
Dōmo

This is an all-mighty, polite-sounding miracle word that can be used as a response to salutations by waiters, store personnel, and taxi drivers or after receiving something, and can even be used instead of hello and goodbye!

Thanks.	**どうも。** ***Dōmo.***
Thank you for yesterday.	きのうは **どうも。** *Kinō wa **dōmo**.*
Thank you very much.	**どうも** ありがとうございます。 ***Dōmo** arigatō gozaimasu.*

📖 One-point advice

This salutation can be used after a waiter serves you, pours you more water, or handles the payment pf your check, when getting out of a taxi or leaving a hotel, after buying something at a store, or when saying hello once more to someone you said hello to earlier the same day.

② Please do such and such

おねがいします
Onegai-shimasu

This is a convenient, simple expression for conveying your requests when asking something of someone or drawing someone's attention. It doesn't need a verb; just use a noun with *onegaishimasu*.

Coffee, please.	コーヒー、**おねがいします**。 *Kōhī, onegai-shimasu.*
I'd like a reservation.	よやく、**おねがいします**。 *Yoyaku, onegai-shimasu.*

📖 **One-point advice**

You can use this expression when you want to flag a sales person or waiter, want to pay the bill in a restaurant, request a receipt, have someone bring you a coffee, have someone push the button in an elevator for the floor you want, tell a taxi driver where you want to go, buy tickets, or obtain necessary information.

③ Excuse me, I'm sorry

すみません
Sumimasen

Excuse me, menu, please.	**すみません**、メニュー、おねがいします。 *Sumimasen, menyū, onigai-shimasu.*
Excuse me. I'll be a little late.	**すみません**、少し おくれます。 *Sumimasen, sukoshi okuremasu.*

It is good, It is OK, Is it good?

いいです・いいですか
Ī desu, Ī desu ka?

3 o'clock is a good time for me.	3時（じ）が　いいです。 *San-ji ga ī desu.*
The design is good.	デザインが　いいです。 *Dezain ga ī desu.*
Where is a good place?	どこが　いいですか。 *Doko ga ī desu ka?*
〈At the restaurant〉 There are three of us. Do you have a table?	〈レストランで〉 3人（にん）です。 いいですか。 *San-nin desu. Ī desu ka?*

It is all right, Is it all right?

だいじょうぶです・だいじょうぶですか
Daijōbu desu, Daijōbu desu ka?

Tomorrow is all right.	あしたは　だいじょうぶです。 *Ashita wa daijōbu desu.*
Can you eat fish?	さかな、　だいじょうぶですか。 *Sakana, daijōbu desu ka?*
How are you feeling?	からだは　だいじょうぶですか。 *Karada wa daijōbu desu ka?*

Almighty key phrases
Greetings and Daily set phrases
Frequently used basic phrases

6

There be, Have, There not be, Not have

あります・ありますか・ありません
Arimasu, Arimasu ka?, Arimasen

I have a souvenir for you.	おみやげが　**あります**。 *O-miyage ga* **arimasu**.
There is WIFI in the room.	へやに　Wi-Fi が　**あります**。 *Heya ni waifai ga* **arimasu**.
Do you have an English menu?	えいごの　メニューは　**ありますか**。 *Ēgo no menyū wa* **arimasu ka**?
I have no money now.	いま、お金が　**ありません**。 *Ima, o-kane ga* **arimasen**.

7

Want to ~

～たいです
~tai desu

| I want to eat sushi. | おすし*を　食べ**たいです**。
O-sushi o tabe**tai desu**. |
| I want to go to a temple. | お寺に　行き**たいです**。
*O-tera ni iki**tai desu**. |

* *Sushi* and *o-sushi* are both used.

5 Greetings and Daily set phrases

12

1 Greetings

Hello.	こんにちは。
	Kon'nichiwa.
Good morning.	おはようございます。
	Ohayōgozaimasu.
Good evening.	こんばんは。
	Konbanwa.
Good night.	おやすみなさい。
	Oyasuminasai.
See you.	じゃあ、また。
	Jā, mata.
Take care.	お元気で。
	O-genki de.
Be careful.	気を　つけて。
	Ki o tsukete.
See you tomorrow.	また　あした。
	Mata ashita.
Goodbye.	さようなら。
	Sayōnara.

Almighty key phrases

Greetings and Daily set phrases

Frequently used basic phrases

Let's meet again.	また　あいましょう。 *Mata aimashō.*
Nice to meet you.	はじめまして。 *Hajimemashite.*
I'm Robinson.	ロビンソンです。 *Robinson desu.*
It's a pleasure to meet you. / Let's keep in touch.	よろしく　おねがいします。 *Yoroshiku onegai-shimasu.*

2　Daily set phrases

Thank you.	ありがとう　ございます。 *Arigatō gozaimasu.*
Thanks.	ありがとう。 CASUAL *Arigatō.*
I'm sorry.	すみません。 *Sumimasen.* ★ widely used
Sorry.	ごめんなさい。 *Gomen'nasai.* ★ mainly used by close people
How much is it?	いくらですか。 *Ikura desu ka?*
What time is it now?	いま　何時ですか。 *Ima nan-ji desu ka?*

| Let's eat. | いただきます。
Itadakimasu. |
| Thank you for the meal. | ごちそうさまでした。
Gochisōsama deshita. |

③ Basic response phrases

Yes.	はい。 *Hai.*
No.	いいえ。 *Īe.*
Really? / Is that so? / I see.	そうですか。 *Sō desu ka.*
Understood. / I see. / OK.	わかりました。 *Wakarimashita.*
I don't know.	わかりません。 *Wakarimasen.*
I don't know well.	よく　わかりません。 *Yoku wakarimasen.*
Yes, please.	はい、おねがいします。 *Hai, onegai-shimasu.*
No, thank you.	いいえ、けっこうです。 *Īe, kekkō desu.*

| One more time please. | もう 一度（いちど） おねがいします。
Mō ichido onegai-shimasu. |
| Wait a minute. | ちょっと 待（ま）って ください。
Chotto matte kudasai. |

4 Phrases often used by clerks

Certainly.	かしこまりました。 *Kashikomarimashita.*
Please wait a moment.	少々（しょうしょう） お待（ま）ちください。 *Shōshō o-machi kudasai.*
Go ahead.	どうぞ。 *Dōzo.*
What do you think ? / How is it?	いかがですか。 *Ikaga desu ka?*

6 Frequently used basic phrases

13

1 When

いつ
Itsu

When is the departure?
出発は **いつ**ですか。
Shuppatsu wa itsu desu ka?

When is the party?
パーティーは **いつ**ですか。
Pātī wa itsu desu ka?

When does it begin?
いつ 始まりますか。
Itsu hajimarimasu ka?

2 Where

どこ
Doko

Where is the toilet?
トイレは **どこ**ですか。
Toire wa doko desu ka?

⟨On the phone⟩ Where are you right now?
いま、**どこ**に いますか。
Ima, doko ni imasu ka?

Where is it?
それは **どこ**に ありますか。
Sore wa doko ni arimasu ka?

Where should we meet?
どこで 会いますか。
Doko de aimasu ka?

Who

だれ
Dare

Who is that person?	あの　人(ひと)は　**だれ**ですか。 *Ano hito wa **dare** desu ka?*
Who is coming?	**だれ**が　来(き)ますか。 ***Dare** ga kimasu ka?*
Who will you give it to?	**だれ**に　あげますか。 ***Dare** ni agemasu ka?*

4

What

何(なに)を
Nani o

What will you eat?	何(なに)を　食(た)べますか。 *Nani o tabemasu ka?*
What will you buy?	何(なに)を　買(か)いますか。 *Nani o kaimasu ka?*

⑤ How

どう
Dō

How do you use this?	これは、**どう** 使^{つか}いますか。 *Kore wa **dō** tsukaimasu ka?*
How do you read this kanji?	この 漢字^{かんじ}、**どう** 読^よみますか。 *Kono kanji, **dō** yomimasu ka?*

⑥ Which (of the two)

どっち
Docchi

Which is better?	**どっち**が　いいですか。 ***Docchi** ga ī desu ka?*

⑦ Which (of more than two)

どれ
Dore

Which one do you recommend?	**どれ**が　おすすめですか。 ***Dore** ga osusume desu ka?*

Almighty key phrases

Greetings and Daily set phrases

Frequently used basic phrases

8 want to

～たいです。
~ tai desu

I want to go to Shibuya.	しぶやに　行きたいです。 Shibuya ni ikitai desu.
I want to buy a game.	ゲームを　買いたいです。 Gēmu o kaitai desu.

9 Ok?

いいですか。
ī desu ka?

⟨When sitting in a vacant seat⟩
Is this seat okay?

ここ、いいですか。
Koko, ī desu ka?

⟨When you want to pay by card⟩
Is paying with a card okay?

⟨When you want to pay by card⟩
カード、いいですか。
Kādo, ī desu ka?

⟨When entering a place⟩
Excuse me, is this okay?

すみません、いいですか。
Sumimasen, ī desu ka?

⑩ have

〜ありますか。
~ arimasu ka?

Do you have a brochure?	パンフレット **ありますか**。 *Panfuretto arimasu ka?*
〈At a café〉 Do you have coke?	コーラ **ありますか**。 *Kōra arimasu ka?*
Do you have other colors?	ほかの 色 **ありますか**。 *Hoka no iro arimasu ka?*

⑪ there be

〜ありますか。
~ arimasu ka?

Is there a convenience store near this place?	この 近くに コンビニ **ありますか**。 *Kono chikaku ni konbini arimasu ka?*
Are there elevators?	エレベーター **ありますか**。 *Erebētā arimasu ka?*
I want to go here. Is there a bus service?	ここに 行きたいです。 バス **ありますか**。 *Koko ni ikitai desu.* *Basu arimasu ka?*

Almighty key phrases

Greetings and Daily set phrases

Frequently used basic phrases

12　Is this ~ ?

これは〜ですか。
Kore wa ~ desu ka?

What is this?	これは　なんですか。 *Kore wa nan desu ka?*
How much is this?	これは　いくらですか。 *Kore wa ikura desu ka?*
Is this spicy?	これは　からいですか。 *Kore wa karai desu ka?*
Is this food?	これは　食べ物ですか。 *Kore wa tabemono desu ka?*

13　Is that ~ ?

あれは〜ですか。
Are wa~ desu ka?

What is that?	あれは　なんですか。 *Are wa nan desu ka?*
How much is that?	あれは　いくらですか。 *Are wa ikura desu ka?*
Is that Mt. Fuji?	あれは　富士山ですか。 *Are wa Fujisan desu ka?*
Is that a station?	あれは　駅ですか。 *Are wa eki desu ka?*

PART 2
Basic Phrases by Situation

15

Replacement key phrases

At the station — Ask where to board

1 Which direction is the Yamanote line? … That way.

やまのてせん
山手線は　どっちですか。

…あっちです。

Yamanote-sen wa *docchi desu ka?*

… *Acchi desu.*

JR	bullet train	subway
JR	しんかんせん 新幹線	ち か てつ 地下鉄
jēāru	*Shinkansen*	*chikatetsu*

2 Where is the ticket gate?　 …Over there.

かいさつ
改札は　どこですか。

…あそこです。

Kaisatsu wa *doko desu ka?*

… *Asoko desu.*

Midori-no-madoguchi (JR Ticket Office)

まどぐち
みどりの　窓口
midori no madoguchi

Ask about fares

3 How much is it to Kyoto? ...3000 yen.

京都まで　いくらですか。

…3000 円です。

Kyōto made ikura desuka?

… Sanzen-en desu.

> one-way (to Kyoto)
> （京都まで）片道
> *(Kyōto made) katamichi*
>
> the round-trip (to Kyoto)
> （京都まで）往復
> *(Kyōto made) ōfuku*

Ask about approximate time and cost

4 About how long is it to Tokyo?　...About thirty minutes.

東京まで　**どれくらい**　かかりますか。

…30 分くらいです。

Tōkyō made dore kurai kakarimasu ka?

… Sanjup-pun kurai desu.

> about how much
> いくらぐらい
> *ikura gurai*

Ask what station to get off or transfer at

5 I would like to go to Asakusa. Where should I get off?

浅草（あさくさ）に　行（い）きたいです。
どこで　**降（お）ります**か。

Asakusa ni ikitai desu.

Doko de orimasu ka?

transfer
乗（の）り換（か）えます
norikaemasu

Ask what station to get off or transfer at

6 (Is that) the first station?

（それは）　**1つめ**の　駅（えき）ですか。

(Sore wa) Hitotsu-me no eki desu ka?

second	third	fourth
2つめ	3つめ	4つめ
futatsu-me	*mittsu-me*	*yottsu-me*

Check where a train arrives and departs

I would like to go to Tokyo. What platform is it?
...Platform 3.

東京に **行きたい**です。何番線ですか。

… 3番線です。

Tōkyō ni ikitai desu. Nanban sen desu ka?

… San-bansen desu.

go soon
早く　行きたい *hayaku ikitai*

The train to Tokyo is platform 5.

東京　行きは　5番線です。

Tōkyō-yuki wa go-ban sen desu.

platform	platform, boarding place
ホーム *hōmu*	乗り場 *noriba*

Check where a train will go on the platform

9 Does this train go to Kyoto?

この　電車は　京都に　行きますか。

Kono densha wa *Kyōto ni ikimasu ka?*

that train	the next train
あの　電車	つぎの　電車
ano densha	*tsugi no densha*

Check the destination of a train

10 Where does this train go to?

これは　どこ　行きですか。

Kore wa *doko* *yuki desu ka?*

Shinjuku
新宿
Shinjuku

Inside the train
— **Check if a train will stop at your destination station.**

 **11** Does this train stop at Shibuya?

この 電車は 渋谷に 止まりますか。

Kono densha wa *Shibuya* ni

tomarimasu ka?

this
これ
kore

Ask about estimated arrival

 **12** About how much longer until Tokyo?

東京まで、あと、**どれ**くらいですか。

Tōkyō made, ato dore kurai desu ka?

how many minutes
何分
nan-pun

Confirm the station that you arrived at

13 Excuse me, is this Akihabara?

すみません、ここは　秋葉原ですか。

Sumimasen, koko wa Akihabara desu ka?

where
どこ
doko

After arriving at a station

14 Which direction is the east ticket gate?

東口　改札は　どっちですか。

Higashi-guchi kaisatsu wa docchi desu ka?

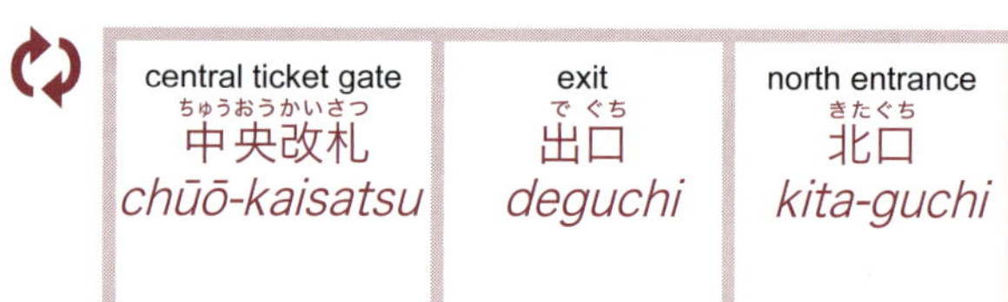

central ticket gate	exit	north entrance
中央改札	出口	北口
chūō-kaisatsu	*deguchi*	*kita-guchi*

At the "Midori-no-madoguchi" (JR Ticket Office)

15 Excuse me, a special rapid ticket to Kyoto

すみません、京都まで 特急で。

Sumimasen, Kyōto made tokkyū de.

special rapid non-reserved seat	special rapid reserved seat	bullet train
特急の 自由席 *tokkyū no jiyū-seki*	特急の 指定席 *tokkyū no shitē-seki*	新幹線 *Shinkansen*

16 I'd like a window seat, please.

窓側、お願いします。

Mado-gawa, onegai-shimasu.

aisle seat
通路側
tsūro-gawa

1. It's crowded, isn't it?

2. Will you get off at the next stop?

3. What is the next stop?

4. I missed my stop.

5. A ticket for the 9:20 to Hiroshima, please.

6. Excuse me, I think this is my seat, but ...

7. I would like to buy a card. What should I do?

①
混んで　いますね。
Konde imasu ne.

②
つぎで　降りますか。
Tsugi de orimasu ka?

③
つぎは　どこですか。
Tsugi wa doko desu ka?

④
乗り過ごしました。
Norisugoshi mashita.

⑤
9時20分、広島まで、お願いします。
Ku-ji nijup-pun, Hiroshima made, onegai-shimasu.

⑥
あのー、ここ、わたしの　席ですが……。
Anō, koko, watashi no seki desu ga….

⑦
カードを　買いたいです。どうしますか。
Kādo o kaitai desu. Dō shimasu ka?

1 I would like to go to Asakusa. How do I go there?

👤 By the Ginza Line on the subway.

2 Where do I buy a ticket?

⟨Inside a train⟩

3 Is this seat open?

👤 Yes.

4 Will you be getting off next?

👤 No, the stop after next.

5 Will we be arriving soon?

👤 Yes. In about five more minutes.

①

浅草<ruby>あさくさ</ruby>に 行<ruby>い</ruby>きたいです。どう 行<ruby>い</ruby>きますか。

Asakusa ni ikitai desu. Dō ikimasu ka?

地下鉄<ruby>ちかてつ</ruby>の 銀座線<ruby>ぎんざせん</ruby>で 行<ruby>い</ruby>きます。

Chikatetsu no Ginza-sen de ikimasu.

②

きっぷは どこで 買<ruby>か</ruby>いますか。

Kippu wa doko de kaimasu ka?

③

ここ、いいですか。

Koko, ī desu ka?

ええ。

Ē (=Hai.)

④

つぎで 降<ruby>お</ruby>りますか。

Tsugi de orimasu ka?

いいえ、次<ruby>つぎ</ruby>の 次<ruby>つぎ</ruby>です。

Īe, tsugi no tsugi desu.

⑤

もうすぐ 着<ruby>つ</ruby>きますか。

Mōsugu tsukimasu ka?

ええ。あと 5分<ruby>ふん</ruby>くらいです。

Ē. Ato go-fun kurai desu.

6 What number exit is "Fujiya"?

👤 Exit A-2.

7 Excuse me, what time is the fastest train to Kyoto?

👤 The 2:10.

8 Around what time will we arrive at Kyoto?

9 What time is the train after that?

10 Is the 3:40 "Nozomi" seat open?

👤 We have no vacancies.

11 What about the next one?

👤 I can arrange for a ticket then.

6

「ふじや」は　何番　出口ですか。
Fujiya wa nan-ban deguchi desu ka?

Ａの　2番です。
Ē no ni-ban desu.

7

すみません、京都まで　一番　早いのは　何分
ですか。
Sumimasen, Kyōto made ichiban hayai no wa nan-pun desu ka?

2時10分です。
Ni-ji jup-pun desu.

8

何時ごろ、京都に　着きますか。
Nan-ji goro Kyōto ni tsukimasu ka?

9

その　つぎは　何分ですか。
Sono tsugi wa nan-pun desu ka?

10

3時40分の　「のぞみ」、席　ありますか。
San-ji yonjup-pun no Nozomi, seki arimasu ka?

満席ですね。
Manseki desu ne.

11

その　つぎは　どうですか。
Sono tsugi wa dō desu ka?

ご用意できます。
Go-yōi-dekimasu.

Transportation

Hotels

Restaurants

Shopping

Sightseeing

Health & Safety

1 ⟨At the ticket counter⟩
   What is your destination?

2 ⟨At the ticket counter⟩
   When is the departure?

3 The subway is convenient.

4 We'll be getting off at the next stop.

5 Change to the Ginza Line.

6 We missed our stop. We need to adjust the fare.

① どちらまでですか。
Dochira made desu ka?

② ご出発は　いつですか。
Go-shuppatsu wa itsu desu ka?

③ 地下鉄が　便利です。
Chikatetsu ga benri desu.

④ つぎの　駅で　降ります。
Tsugi no eki de orimasu.

⑤ 銀座線に　乗りかえて　ください。
Ginza-sen ni norikaete kudasai.

⑥ 乗り越しです。精算が　必要です。
Norikoshi desu. Sēsan ga hitsuyō desu.

Hotels

Restaurants

Shopping

Sightseeing

Health & Safety

Replacement key phrases 
19

At a bus stop — Ask where to board and get off

1 Excuse me, where is the bus stop?

すみません、**バス** 乗り場は　どこで
すか。

Sumimasen, basu noriba wa doko desu ka?

taxi
タクシー
takushī

2 I would like to go to Osaka University. Which bus is it?

大阪大学に　行きたいです。
どの　バスですか。

Ōsaka daigaku ni ikitai desu.
Dono basu desu ka?

what number
何番の
nanban no

3 Excuse me, which is the bus going to the airport?

すみません、空港（くうこう）行（ゆ）きの　バスは
どれですか。

*Sumimasen, kūkō yuki no basu wa
dore desu ka?*

ski resort
スキー場（じょう）
sukī-jō

4 I want to go to Ghibli Museum. Where should I get off?

ジブリ美術館（びじゅつかん）に　行（い）きたいです。
どこで　降（お）りますか。

Jiburi bijutsukan ni ikitai desu.
Doko de orimasu ka?

〈Showing a map〉
this temple
この　お寺（てら）
kono o-tera

In a taxi — Tell the driver your destination

5 To Tokyo Station, please.

東京駅まで　お願いします。

Tōkyō-eki made onegai-shimasu.

airport 空港 *kūkō*	Fuji Hotel ふじホテル *Fuji hoteru*	here ここ *koko*

6 Go left at that corner.

その　角を　左です。

Sono kado o hidari desu.

right 右 *migi*

7 Please go left at the next signal.

つぎの　**信号**を　左に　お願いします。

Tsugi no shingō o hidari ni onegai-shimasu.

intersection
交差点
kōsaten

8 Please hurry a little.

ちょっと　急いで　ください。

Chotto isoide kudasai.

as much as possible
なるべく
narubeku

20

---

1 Does this bus go to Kiyomizudera?

---

2 Excuse me, where do you get off for Kinkaku-ji?

---

3 ⟨On the bus--as the door is about to close⟩
Excuse me, I'm getting off!

---

4 Please put the luggage in the trunk.

---

5 Please go straight.

---

6 Please hurry a little.

---

7 Please stop here.

---

① この　バスは　清水寺に　行きますか。
Kono basu wa Kiyomizudera ni ikimasu ka?

② すみません、金閣寺は　どこで　降りますか。
Sumimasen, Kinkaku-ji wa doko de orimasu ka?

③ すみません、降ります！
Sumimasen, orimasu!

④ 荷物、トランクに　お願いします。
Nimotsu, toranku ni onegai-shimasu.

⑤ まっすぐ　行って　ください。
Massugu itte kudasai.

⑥ ちょっと　急いで　ください。
Chotto isoide kudasai.

⑦ ここで　止めて　ください。
Koko de tomete kudasai.

Transportation
Hotels
Restaurants
Shopping
Sightseeing
Health & Safety

When is the next one?

1 --

It's at 2:05. That's 20 minutes from now.

Do I pay first, or do I pay at the end?

2 --

You pay first. / You pay at the end.

Is there a bus stop around here?

3 --

There is one about a hundred meters ahead.

1

つぎは　何分ですか。
Tsugi wa nan-pun desu ka?

2時5分ですね。あと　20分です。
Ni-ji go-fun desu ne. Ato nijup-pun desu.

2

料金は　先に　払いますか、あとで　払いますか。
Ryōkin wa saki ni haraimasu ka, ato de haraimasu ka?

先に払います。250円です。
Saki ni haraimasu. Nihyaku gojū-en desu.

3

この　近くに　バス停は　ありますか。
Kono chikaku ni basu-tē wa arimasu ka?

100メートル　くらい　先に　あります。
Hyaku mētoru kurai saki ni arimasu.

⟨The driver: About IC cards⟩

(1) Sir, you don't have enough balance remaining.

⟨The driver: About IC cards⟩

(2) Please insert your money in here.

⟨The driver: About IC cards⟩

(3) Please place your card here.

⟨The driver: About IC cards⟩

(4) Please touch your card here.

⟨Taxi driver: About where to stop⟩

(5) Is this area alright?

①
お客<ruby>きゃく</ruby>さん、残高不足<ruby>ざんだか ぶ そく</ruby>です。
Okyaku-san, zandaka busoku desu.

②
ここに　お金<ruby>かね</ruby>を　入<ruby>い</ruby>れて　ください。
Koko ni okane o irete kudasai.

③
カードを　おいて　ください。
Kādo o oite kudasai.

④
タッチして　ください。
Tacchi-shite kudasai.

⑤
この　へんで　いいですか。
Kono hen de ī desu ka?

Transportation

Hotels

Restaurants

Shopping

Sightseeing

Health & Safety

- [ ] Local train

各駅停車／各駅
kakueki tēsha/ kakueki

普通
futsū

★ stops at each station

- [ ] Express

急行
kyūkō

- [ ] Limited express

特急
tokkyū

★ Limited express ticket required

- [ ] Local express

準急
junkyū

★ more stops than express

- [ ] Rapid

快速
kaisoku

- [ ] Special rapid

特別快速
tokubetsu kaisoku

- [ ] Commuter's special rapid

通勤快速
tsūkin kaisoku

kakueki	*junkyū*	*kaisoku* ≒ *kyūkō*	*tokubetsu -kaisoku*	*tokkyū*

slow ← → **fast**
many stops / few stops

□ shortly

まもなく
mamonaku

□ The train is coming.

でんしゃ
電車が まいります。
Densha ga mairimasu.

□ fare

うんちん
運賃
unchin

□ coin

こぜに / こまかいの
kozeni/ komakai no

□ bill

さつ
お札
o-satsu

□ side walk

ほ どう
歩道
hodō

□ pedestrian overpass

おうだん ほ どう
横断歩道
ōdan hodō

□ traffic jam

じゅうたい
渋滞
jūtai

□ domestic flights

こくないせん
国内線
kokunai-sen

□ cancellation of a flight or
a sailing

けっこう
欠航
kekkō

➡There is also a vocabulary list on pages 184 to 185.

Replacement key phrases

At the front desk

1 Can I leave my baggage here? About three hours.

すみません、にもつ、いいですか。
３時間くらいです。

Sumimasen, nimotsu, ī desu ka?
San-jikan kurai desu.

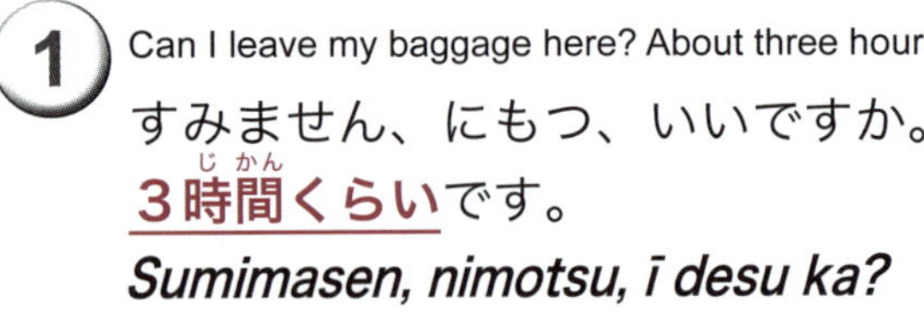

until check-in
チェックインまで
chekku-in made

Call for action

2 Excuse me, is there a convenience store around here?

すみません、近くに　コンビニは
ありますか。

Sumimasen, chikaku ni konbini wa
arimasu ka?

delicious ramen shop	recommended store
おいしい　ラーメン屋 *oishī rāmen-ya*	おすすめの　店 *osusume no mise*

What you want to do

3 Excuse me. I want to use a PC. Do you have one?

すみません、**パソコン**を 使いたいです。
ありますか。

Sumimasen, pasokon o tsukaitai desu.
Arimasu ka?

Wi-Fi	iron	dryer
Wi-Fi *waifai*	アイロン *airon*	ドライヤー *doraiyā*

battery for smart phone

スマホの じゅうでんき
sumaho no jūdenki

Ask the hotel staff

4 Where is the bath room?

おふろは　どこですか。
O-furo wa doko desu ka?

front desk	breakfast place	closest station
フロント *furonto*	朝食の 場所 *chōshoku no basho*	一番 近い 駅 *ichiban chikai eki*

Transportation · Hotels · Restaurants · Shopping · Sightseeing · Health & Safety

5 When is dinner time?

<ruby>夕食<rt>ゆうしょく</rt></ruby>は <ruby>何時<rt>なんじ</rt></ruby>からですか。

Yūshoku wa *nan-ji kara desu ka?*

breakfast <ruby>朝食<rt>ちょうしょく</rt></ruby> *chōshoku*	check in チェックイン *chekku-in*

Ask staff what you want

6 Excuse me, the air conditioner is not working.

すみません、エアコンが　だめです。

Sumimasen, eakon ga dame desu.

light switch でんき *denki*	Wi-Fi Wi-Fi *waifai*

7 Excuse me, the TV doesn't work. I don't know how to use it.

すみません、**テレビ**が　だめです。
よく　わかりません。

Sumimasen, terebi ga dame desu.
Yoku wakarimasen.

air conditioner	shower	window
エアコン	シャワー	まど
eakon	*shawā*	*mado*

8 Excuse me, until what time can I take a bath?

おふろは　何時まで　ですか。（なんじ）

O-furo** wa **nan-ji made desu ka?

breakfast	check out
朝食（ちょうしょく）	チェックアウト
chōshoku	*chekku-auto*

Side tabs: Transportation / Hotels / Restaurants / Shopping / Sightseeing / Health & Safety

1. It's a nice room.

2. What a good view!

3. I don't eat this.

4. I won't take a bath.

5. It feels good.

6. It feels cold.

7. It feels hot.

1
いい　へやですね。
Ī heya desu ne.

2
ながめが　いいですね。
Nagame ga ī desu ne.

3
これは　食べません。
Kore wa tabemasen.

4
わたしは　おふろに　入りません。
Watashi wa o-furo ni hairimasen.

5
きもちいいです。
Kimochi ī desu.

6
さむいです。
Samui desu.

7
あついです。
Atsui desu.

(8) There's no hot water.

(9) I'm going out for a bit.

(10) My room number is…

(11) Keep my key, please.

(12) I lost my room key.

(13) I'm Ford. Room number 501.

(14) Separate rooms, please.

⑧ お湯が　出ません。
Oyu ga demasen.

⑨ 少し　出かけます。
Sukoshi dekakemasu.

⑩ へや番号は　○○です。
Heya bangō wa ○○ desu.

⑪ カギ、お願いします。
Kagi, onegai-shimasu.

⑫ カギを　なくしました。
Kagi o nakushimashita.

⑬ もどりました。501の　フォードです。
Modorimashita. 501 no Fōdo desu.

⑭ へや、べつべつで　お願いします。
Heya, betsu betsu de onegai-shimasu.

(15) Excuse me, could you call a taxi?

(16) Excuse me. Do you have a map of this area?

(17) Excuse me. Do you have any aspirin?

(18) Excuse me. I forgot where my room is.

(19) I would like to check in.

15 すみません、タクシー、お願いします。
Sumimasen, takushī, onegai-shimasu.

16 すみません、このへんの　地図、ありますか。
Sumimasen, kono hen no chizu, arimasu ka?

17 すみません、アスピリン、ありますか。
Sumimasen, asupirin, arimasu ka?

18 すみません、へやの　場所が　わかりません。
Sumimasen, heya no basho ga wakarimasen.

19 チェックイン、お願いします。
Chekku in, onegai-shimasu.

⟨When entering the hotel⟩

(1)

Excuse me, do you have any vacancies tonight?

 Yes, we have.

Then I would like a room for one night.

(2)

Excuse me, I would like to book a room.

Okay. What dates, please?

The 25th. Just one night.

(3)

My room is noisy. Do you have another one?

 Please wait a moment.

すみません、こんばん、へや　ありますか。
Sumimasen, konban, heya arimasu ka?

1

はい、ございます。
Hai, gozaimasu.

じゃ、こんばん　1泊、お願いします。
Ja, konban ippaku onegai-shimasu.

すみません、よやく、お願いします。
Sumimasen, yoyaku o onegai-shimasu.

2

いつが　ご希望ですか。
Itsu ga go-kibō desuka?

25日です。1泊です。
Nijū-go nichi desu. ip-paku desu.

へやが　うるさいです。べつの　へやは　ありますか。
Heya ga urusai desu. Betsu no heya wa arimasu ka?

3

少々　お待ちください。
Shōshō omachi kudasai.

Could you give your name, please?

1 👤 I'm Smith. I have a reservation.

Thank you. I'll confirm your reservation.

2 We are full today.

What time would you like to have your dinner?

3 👤 7 pm is good for me.

Would you like something to drink?

4 👤 Beer, please. / No, thank you.

お名前を　お願いいたします。
O-namae o onegai-itashimasu.

1
👤 わたしは　スミスです。よやく　しました。
Watashi wa Sumisu desu.
Yoyaku-shimashita.

かくにんいたします。
Kakunin-itashimasu.

2
本日は　満室で　ございます。
Honjitsu wa manshitsu de gozaimasu.

3
夕食は　何時に　なさいますか。
Yūshoku wa nan-ji ni nasaimasu ka?

👤 7時に　お願いします。
Shichi-ji ni onegai-shimasu.

4
お飲み物は　いかが　なさいますか。
O-nomimono wa ikaga nasaimasu ka?

👤 ビール、お願いします。／けっこうです。
Bīru, onegai-shimasu. / Kekkō desu.

Transportation

Hotels

Restaurants

Shopping

Sightseeing

Health & Safety

28

☐ room with a single bed	シングル	shinguru
☐ room for two people	ダブル	*daburu*
☐ room with twin beds	ツイン	*tsuin*
☐ cancel	キャンセルします	*kyanseru-shimasu*
☐ message	でんごん	*dengon*
☐ blanket	毛布（もうふ）	*mōfu*
☐ bar	バー	*bā*
☐ pool	プール	*pūru*
☐ casual summer kimono	ゆかた	*yukata*
☐ towel	タオル	*taoru*
☐ bath towel	バスタオル	*basu taoru*

□ soap

せっけん
sekken

□ view

ながめ
nagame

□ telephone

でんわ
denwa

➡ There is also a vocabulary list on pages 185 to 187.

> 📝 **Tidbits**
>
> ## Various Kinds of Accommodations
>
> ### *Bijinesu-hoteru* (Business Hotels)
>
> These are hotels designed for people on business trips. Offering no-frill accommodations and amenities, they are comparatively cheap.
>
> ### *Kapuseru-hoteru* (Capsule Hotels)
>
> Shaped like capsules, these hotels offer small spaces with just a bed, although some come with small TV sets and radios, bathing facilities, and personal lockers. These are perfect accommodations for people who only need a place to sleep for a night and want to minimize their hotel expenses. Lately, capsule hotels have been increasing in convenience and comfort by adding to their accommodations, which has made them a popular choice of lodging.
>
> ### 民宿 *Minshuku* (Japanese Bed & Breakfasts)
>
> These are usually rooms in private homes that have been converted into hotel accommodations, which is why Japanese-style rooms are the norm. In many cases, the people running them also work in agriculture or fishing.

Transportation

Hotels

Restaurants

Shopping

Sightseeing

Health & Safety

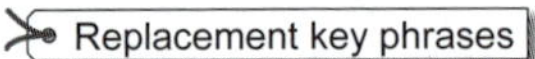

29

What you want to eat

1 I want to eat sushi.

おすし*が 食べたいです。

O-sushi * *ga* **tabetai desu.**

* *Sushi* and *o-sushi* are both used.

Call for action

2 Excuse me. I'd like to place an order.

すみません、注文 お願いします。

Sumimasen, *chūmon* onegai-shimasu.

Request things

3 Excuse me. Please give me a menu.

すみません、<u>メニュー</u> お<ruby>願<rt>ねが</rt></ruby>いします。

Sumimasen, <u>menyū</u> onegai-shimasu.

water	drink menu	extra plate
お<ruby>水<rt>みず</rt></ruby> *o-mizu*	<ruby>飲<rt>の</rt></ruby>み<ruby>物<rt>もの</rt></ruby>のメニュー *nomimono no menyū* 	<ruby>取<rt>と</rt></ruby>り<ruby>皿<rt></rt></ruby> *torizara* 

order-1

4 Coffee, please.

<u>コーヒー</u>、お<ruby>願<rt>ねが</rt></ruby>いします。

<u>*Kōhī*</u>*, onegai-shimasu.*

chicken curry
チキンカレー *chikin karē*

tea	two cheeseburgers
<ruby>紅茶<rt>こうちゃ</rt></ruby> 1つ *kōcha hitotsu*	チーズバーガー　2つ *chīzubāgā futatsu*

Order-2

⑤ This one, please.

これ、お願<ねが>いします。

Kore, onegai-shimasu.

Can I have one of these, please?	Can I have three of these?
これ　1つ *Kore hitotsu*	これ　3つ *Kore mittsu*

Can I have this and this?	Can I have this, too?	The same one, please.
これと　これ *Kore to kore*	これも *Kore mo*	同<おな>じ　もの *Onaji mono*

Tell your friends what you chose

⑥ I will go with miso ramen.

わたしは　**みそラーメン**に　します。

Watashi wa miso rāmen ni shimasu.

Tenpura set meal	A set	this number 15
てんぷら定食<ていしょく> *Tenpura-tēshoku*	Aセット *Ē-setto*	この　15番<ばん> *kono jūgo-ban*

Inedible things

(7) I can't eat pork. Is this okay?

ぶた<ruby>肉<rt>にく</rt></ruby>は　だめです。
これは　だいじょうぶですか。

Butaniku wa *dame desu.*
Kore wa *daijōbu desu ka?*

Egg	Raw fish	Sake
たまご	なまの　<ruby>魚<rt>さかな</rt></ruby>	お<ruby>酒<rt>さけ</rt></ruby>
tamago	*nama no sakana*	*o-sake*

Transportation

Hotels

Restaurants

Shopping

Sightseeing

Health & Safety

30

(1) It is delicious.

(2) Very delicious.

(3) It was delicious.

(4) One more, please.

(5) Sorry, forget that one.

(6) That's all.

⟨When a dish not ordered comes⟩
(7) This is different.

1
おいしいです。
Oishī desu.

2
すごく　おいしいです。
Sugoku oishī desu.

3
おいしかったです。
Oishikatta desu.

4
もう　一つ、お願いします。
Mō hitotsu, onegai-shimasu.

5
すみません、これ、やめます。
Sumimasen, kore, yamemasu.

6
以上です。
Ijō desu.

7
これは　ちがいます。
Kore wa chigaimasu.

8. Excuse me. My order hasn't come yet. I ordered coffee.

9. Excuse me. The air conditioner is a bit cold.

10. Excuse me. I want to change seats. Is that okay?

11. How do you eat this?

12. I'm full.

13. I don't have much appetite.

8
すみません、まだ 来<ruby>き</ruby>ません。
コーヒーを 注文<ruby>ちゅうもん</ruby>しました。
Sumimasen, mada kimasen.
Kōhī o chūmon-shimashita.

9
すみません、エアコンが　ちょっと　さむい
です。
*Sumimasen, eakon ga chotto samui
desu.*

10
すみません、せきを　うつりたいです。
いいですか。
*Sumimasen, seki o utsuritai desu.
Ī desu ka?*

11
これは　どう　食べ<ruby>た</ruby>ますか。
Kore wa dō tabemasu ka?

12
おなか　いっぱいです。
Onaka ippai desu.

13
あまり　しょくよくが　ありません。
Amari shokuyoku ga arimasen.

Transportation
Hotels
Restaurants
Shopping
Sightseeing
Health & Safety

⟨When entering the store⟩

1

Two people. Is that okay?

👤 Yes. here you go.

2

What is this?

👤 It's a vegetable dish.

3

Is this spicy?

👤 Yes, it's a little spicy.
/ No, it isn't spicy.

4

What kind of meat is this?

👤 It's chicken.

Transportation
Hotels
Restaurants
Shopping
Sightseeing
Health & Safety

1

二人です。大丈夫ですか。
Futari desu. Daijōbu desu ka?

はい。どうぞ。
Hai. Dōzo.

2

これは 何ですか。
Kore wa nan desu ka?

やさいの料理です。
Yasai no ryōri desu.

3

これは からいですか。
Kore wa karai desu ka?

はい、ちょっと からいです。
／いいえ、からくないです。
Hai, chotto karai desu.
/ Īe, karaku nai desu.

4

これは 何の 肉ですか。
Kore wa nan no niku desu ka?

とり肉です。
Toriniku desu.

What will you order, Mr. Tanaka?

5

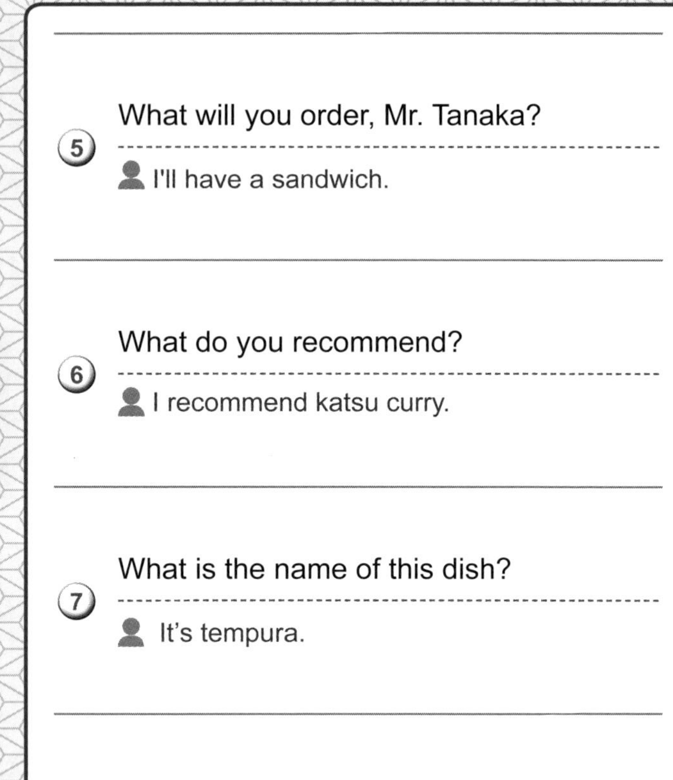 I'll have a sandwich.

What do you recommend?

6

 I recommend katsu curry.

What is the name of this dish?

7

 It's tempura.

⑤

たなかさんは　何_{なに}に　しますか。
Tanaka-san wa nani ni shimasu ka?

👤 サンドイッチにします。
Sandoicchi ni shimasu.

⑥

何_{なに}が　おすすめですか。
Nani ga osusume desu ka?

👤 カツカレーが　おすすめです。
Katsu karē ga osusume desu.

⑦

料理_{りょうり}の　名前_{なまえ}は　何_{なん}ですか。
Ryori no namae wa nan desu ka?

👤 てんぷらです。
Tenpura desu.

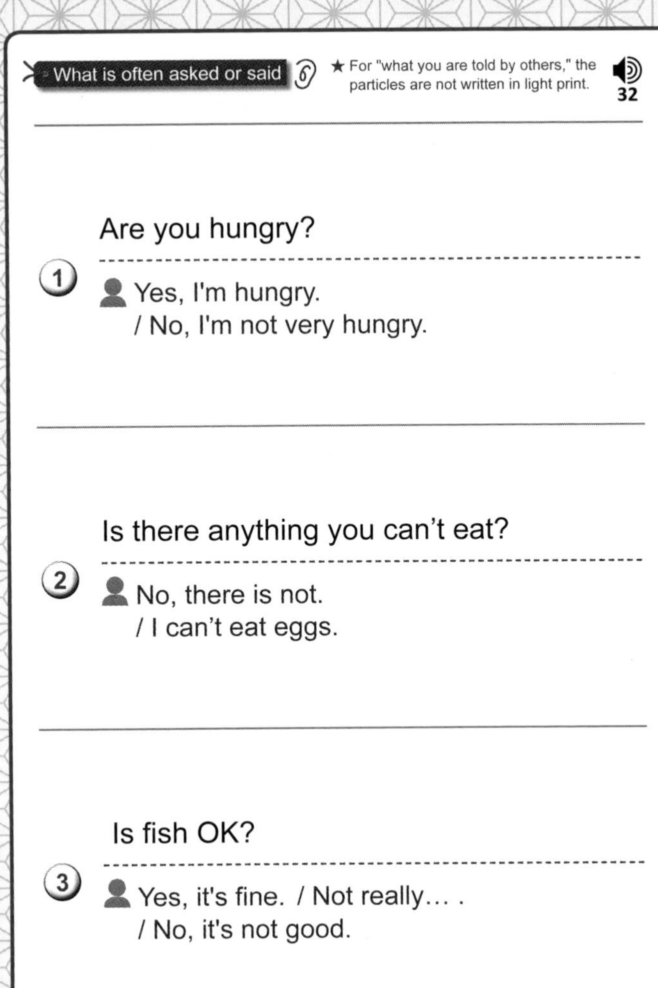

Are you hungry?

① Yes, I'm hungry.
/ No, I'm not very hungry.

Is there anything you can't eat?

② No, there is not.
/ I can't eat eggs.

Is fish OK?

③ Yes, it's fine. / Not really… .
/ No, it's not good.

おなか、すいていますか。
Onaka, suite imasu ka?

①
はい、すいています。
／いいえ、あまり　すいていません。
Hai, suite imasu.
/ Īe, amari suite imasen.

だめな　ものは　ありますか。
Damena mono wa arimasu ka?

②
いいえ、ありません。
／卵（たまご）が　だめです。
Īe, arimasen.
/ Tamago ga dame desu.

魚（さかな）は　だいじょうぶですか。
Sakana wa daijōbu desu ka?

③
はい、だいじょうぶです。／あまり…。
／いいえ、だめです。
Hai, daijōbu desu. / Amari ....
/ Īe, dame desu.

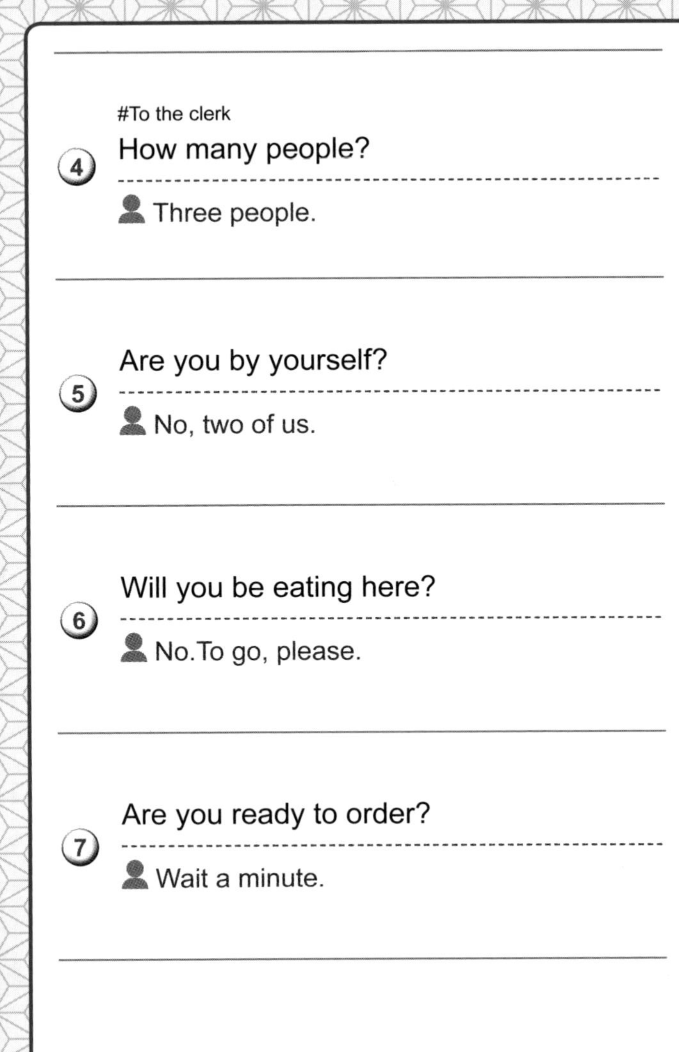

#To the clerk

(4) How many people?

👤 Three people.

(5) Are you by yourself?

👤 No, two of us.

(6) Will you be eating here?

👤 No.To go, please.

(7) Are you ready to order?

👤 Wait a minute.

④

何名様ですか。

Nan-mē sama desu ka?

3人です。
San-nin desu.

⑤

お一人様ですか。

O-hitori sama desu ka?

いいえ、二人です。
Īe, futari desu.

⑥

こちらで　おめしあがりですか。

Kochira de o-meshiagari desu ka?

いいえ。持ち帰りです。
Īe. Mochikaeri desu.

⑦

ご注文は　お決まりですか。

Go-chūmon wa o-kimari desu ka?

ちょっと　待って　ください。
Chotto matte kudasai.

Vocabulary

33

☐ vegan	ビーガン *bīgan*
☐ vegetarian	ベジタリアン *bejitarian*
☐ Halal	ハラル *hararu*
☐ a refill, second helping	おかわり *okawari*
☐ I'd like another, please.	おかわり おねがいします。 *okawari onegai-shimasu.*
☐ large serving	大盛（おおもり） *ōmori*
☐ half	はんぶん *half*
☐ pizza	ピザ *piza*
☐ pasta	パスタ *pasuta*
☐ lunch	ランチ *ranchi*

☐ lunch box

弁当
bentō

☐ hot

あたたかい
atatakai

☐ sampling food

ししょく
shishoku

☐ sweets

あまいもの
amai mono

☐ iced tea

アイスティー
aisu tī

☐ Japanese tea

お茶
o-cha

☐ water

水／おひや
mizu / o-hiya

☐ hot water

お湯
o-yu

☐ mayonnaise

マヨネーズ
mayonēzu

☐ ketchup

ケチャップ
kechappu

☐ miso soup

みそしる
misoshiru

➡ There is also a vocabulary list on pages 187 to 193.

Transportation
Hotels
Restaurants
Shopping
Sightseeing
Health & Safety

 **34**

What you want to do

1 I want to touch it. Can I ?

ちょっと **さわりたい**です。いいですか。

Chotto __sawaritai__ desu. Ī desu ka?

want to see	want to eat	want to wear
みたい *mitai*	食べたい *tabetai*	はきたい *hakitai*

Requests

2 What is it?

これは **なん**ですか。

Kore wa __nan__ desu ka?

food	sweets
食べもの *tabemono*	おかし *o-kashi*

Request things

3 Do you have a red one ?

<ruby>赤<rt>あか</rt></ruby>は ありますか。

Aka wa *arimasu ka?*

white <ruby>白<rt>しろ</rt></ruby> *shiro*	L size L サイズ *eru saizu*
other color ほかの <ruby>色<rt>いろ</rt></ruby> *hoka no iro*	other size ほかの サイズ *hoka no saizu*

order-1

4 Do you have a cheaper one?

もう<ruby>少<rt>すこ</rt></ruby>し <ruby>安<rt>やす</rt></ruby>いのは ありますか。

Mō sukoshi yasui no wa *arimasu ka?*

light weight <ruby>軽<rt>かる</rt></ruby>い *karui*	small <ruby>小<rt>ちい</rt></ruby>さい *chīsai*	big <ruby>大<rt>おお</rt></ruby>きい *ōkī*

Order-2

(5) I prefer a longer one.

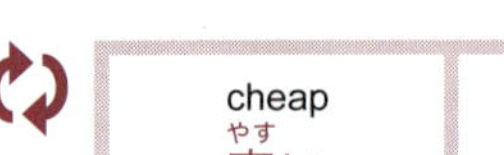

長いのが　いいです。

Nagai no ga ī desu.

cheap 安い *yasui*	new 新しい *atarashī*	simple シンプルな *shinpuru na*

Ask staff what you want

(6) I prefer cheap ones.

もう少し　安い　ほうが　いいです。

Mō sukoshi yasui hō ga ī desu.

close 近い *chikai*	convenient 便利な *benrina*	quiet しずかな *shizukana*

Ask for location

7 Where is the bathroom?

トイレは どこですか。
Toire wa *doko desu ka?*

cashier	elevator	toy section
レジ	エレベーター	おもちゃ売り場
reji	*erebētā*	*omocha uriba*

Different than you expected

8 That's a little expensive.

ちょっと 高いですね。
Chotto takai desu ne.

heavy	small	tough	flashy	simple
重い	小さい	かたい	派手	地味
omoi	*chīsai*	*katai*	*hade*	*jimi*

1 It's cute.

2 Very good.

3 Excuse me. Two of these, please.

4 Separate bills please.

5 ⟨Not wrap or bag⟩
It is fine as it is.

6 ⟨Softly refuse when recommended⟩
No, thank you.

①
かわいいです。
Kawaī desu.

②
とても　いいですね。
Totemo ī desu ne.

③
すみません。これ　２つ　お願（ねが）いします。
Sumimasen. Kore futatsu onegai-shimasu.

④
（会計（かいけい）は）べつべつで　お願（ねが）いします。
(Kaikē wa) Betsu betsu de onegai-shimasu.

〈Not wrap or bag〉

⑤
そのままで　いいです。
Sonomama de ī desu.

〈Softly refuse when recommended〉

⑥
けっこうです。
Kekkō desu.

Transportation
Hotels
Restaurants
Shopping
Sightseeing
Health & Safety

〈When entering the store〉

① How much is this?

👤 It's 3200yen

② How late are you open?

👤 Until 9.

③ When is this good to?

👤 Until March 17.

④ Is this on sale?

👤 Yes, it is.

1

これは　いくらですか。
Kore wa ikura desu ka?

3200 円です。
Sanzen nihyaku-en desu.

2

お店は　何時までですか。
O-mise wa nan-ji made desu ka?

9 時までです。
Ku-ji made desu.

3

これは　いつまで　大丈夫ですか。
Kore wa itsu made daijōbu desu ka?

3 月 17 日までです。
San-gatsu jūnana-nichi made desu.

4

これは　セール品ですか。
Kore wa sēru hin desu ka?

はい、そうです。
Hai, sō desu.

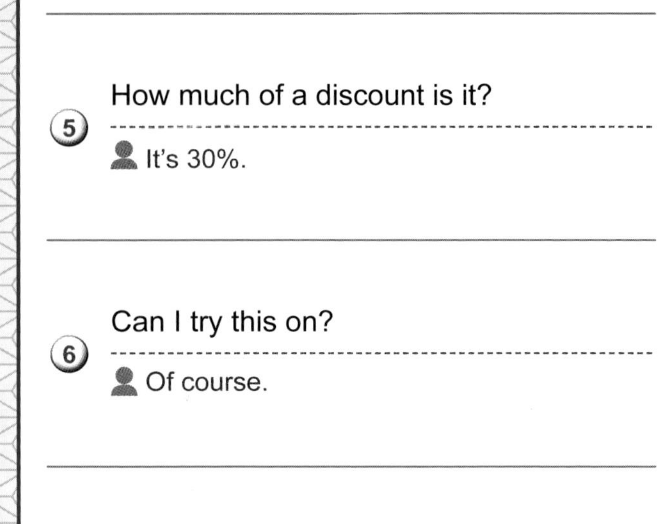

5

How much of a discount is it?

It's 30%.

6

Can I try this on?

Of course.

⑤

何割引きですか。
Nan-wari biki desu ka?

👤 ３割引きです。
San-wari biki desu.

⑥

しちゃく、いいですか。
Shichaku ī desu ka?

👤 もちろんです。
Mochiron desu.

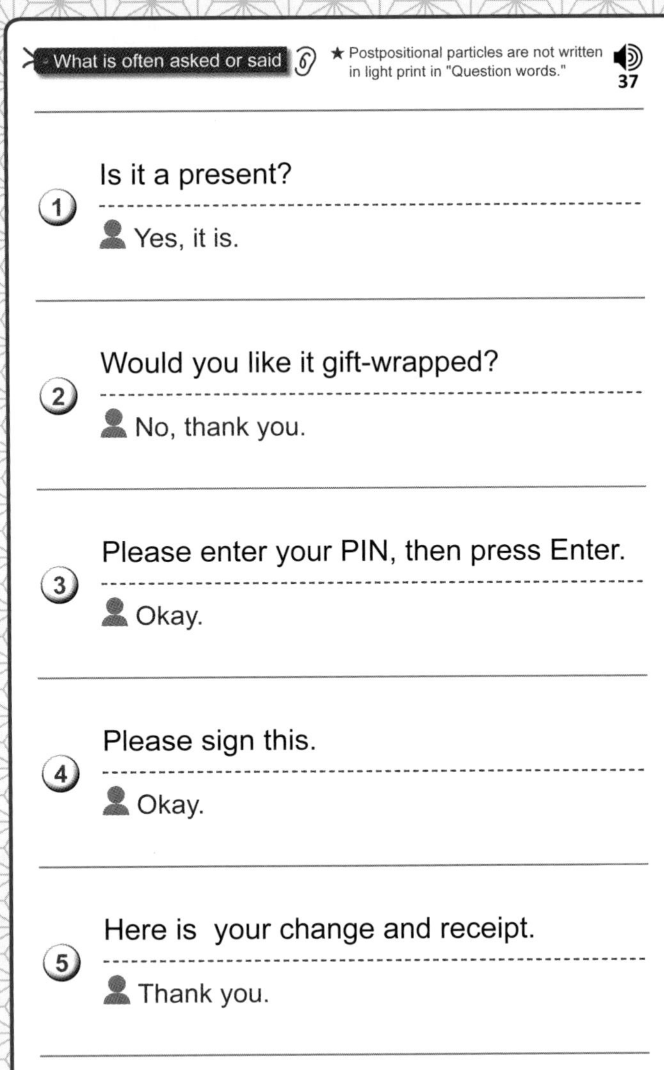

1

Is it a present?

Yes, it is.

2

Would you like it gift-wrapped?

No, thank you.

3

Please enter your PIN, then press Enter.

Okay.

4

Please sign this.

Okay.

5

Here is your change and receipt.

Thank you.

1

おくりものですか。
Okurimono desu ka?

はい、そうです。
Hai, sō desu.

2

ラッピングなさいますか。
Rappingu nasai masu ka?

いいえ、けっこうです。
Īe, kekkō desu.

3

暗証番号を　お願いします。
Anshō-bangō o onegai-shimasu.

わかりました。
Wakarimashita.

4

サインを　お願いします。
Sain o onegai-shimasu.

わかりました。
Wakarimashita.

5

おつりと　レシートに　なります。
Otsuri to reshīto ni narimasu.

どうも。
Dōmo.

Transportation
Hotels
Restaurants
Shopping
Sightseeing
Health & Safety

Vocabulary

38

☐ too expensive	高<ruby>たか</ruby>すぎます *takasugimasu*
☐ Please make it a little cheaper.	もう 少<ruby>すこ</ruby>し まけて ください。 *Mō sukoshi makete kudasai.*
☐ How much in total?	ぜんぶで いくらですか。 *Zenbu de ikura desu ka?*
☐ Receipt, please.	レシート、おねがいします。 *Reshīto, onegai-shimasu.*
☐ Is this genuine?	これは ほんものですか。 *Kore wa honmono desu ka?*
☐ My budget is ～ yen	よさんは ～円<ruby>えん</ruby>です。 *Yosan wa ~en desu.*
☐ individually	バラで *bara de*
☐ shop; stand	みせ／ばいてん *mise / baiten*
☐ shopping street	商店街<ruby>しょうてんがい</ruby> *shōtengai*
☐ made in Japan	日本製<ruby>にほんせい</ruby> *nihon-sē*

☐ handmade	手<ruby>て</ruby>づくり	*tezukuri*
☐ hundred-yen store	100均<ruby>きん</ruby>	*hyakkin*
☐ exchange	こうかん	*kōkan*
☐ returns	へんぴん	*henpin*
☐ defective item	不良品<ruby>ふりょうひん</ruby>	*furyōhin*
☐ list	リスト	*risuto*
☐ self-service	セルフサービス	*serufu sābisu*
☐ gum	ガム	*gamu*
☐ water	水<ruby>みず</ruby>	*mizu*
☐ stationery	ぶんぼうぐ	*bunbōgu*

➡ There is also a vocabulary list on pages 193 to 196.

 Replacement key phrases

39

Ask a location

1 Where is the entrance?

入り口は　どこですか。
Iriguchi wa **doko desu ka?**

exit	reception	information center
出口	受付	案内所
deguchi	*uketsuke*	*annai-jo*

At the information center

2 Excuse me, do you have a map?

すみません、地図は　ありますか。
Sumimasen, *chizu* wa **arimasuka?**

Kyoto map	subway map
京都の　地図	地下鉄の　地図
Kyōto no chizu	*chikatetsu no chizu*

map of surrounding area
しゅうへんの　地図
shūhen no chizu

At the information center

(3) I have free time tomorrow. What kind of tours do you have?

明日、時間が　あります。
どんな　プランが　ありますか。

Ashita jikan ga arimasu.

Don-na puran ga arimasu ka?

tomorrow afternoon	after this
明日の　午後 *ashita no gogo*	このあと *kono ato*

Ask a staff its business day

(4) Are you open now?

今、お店は　開いて　いますか。

Ima, o-mise wa aite imasu ka?

today, museum	tomorrow, here
今日、美術館 *kyō, bijutsu kan*	明日、ここ *ashita, koko*

At the entrance

5 May I come in ? Okay?

中に　入りたいです。いいですか。

Naka ni hairitai desu. Ī desu ka?

take a picture	see this
写真を　とりたい *Shashin o toritai*	これを　見たい *Kore o mitai*

Ask for taking a photo

6 Excuse me, could you take a picture of me?

すみません、写真、いいですか。
お願いします。

Sumimasen, shashin ī desu ka?

Onegai-shimasu.

another one	one more time
もう　1枚 *mō ichi-mai*	もう　1回 *mō ik-kai*

Transportation
Hotels
Restaurants
Shopping
Sightseeing
Health & Safety

At the ticket office

7 One ticket, please.

大人　1枚、お願いします。

Otona ichi-mai onegai-shimasu.

Two adults and one child	One S seat ticket
大人　2枚と　子供　1枚 *Otona ni-mai to kodomo ichi-mai*	S席　1枚 *Esu seki ichi-mai*

At the information center

8 I would like to climb Mt. Fuji. How do I go about it?

富士山に　登りたいです。

どう　しますか。

Fujisan ni noboritai desu.

Dō shimasuka?

go here	go to a hot spring	wear a kimono
ここに　行きたい *Koko ni ikitai*	温泉に　入りたい *Onsen ni hairitai*	着物を　着たい *Kimono o kitai*

40

1. This is my first time.

2. 〈About what you saw〉
   It's beautiful!

3. I'm surprised.

4. That's excellent. / Wonderful.

5. I'm having fun (now).

6. I want to come here again.

7. I'm sorry. I will come next time.

① はじめてです。
Hajimete desu.

② きれいです！
Kirē desu! / Kirē!
★*"Kirē"* is also used for the meaning of "clean".

③ おどろきました。
Odorokimashita.

④ すばらしいです。
Subarashī desu.

⑤ 楽しいです！
Tanoshī desu!

⑥ また（ここに）来たいです。
Mata (koko ni) kitai desu.

⑦ 残念です。つぎは　来ます。
Zan'nen desu. Tsugi wa kimasu.

8 I really want to see that!

9 I've already been there.

10 What's famous?

11 ⟨In a museum⟩
I want to take a picture. Can I?

12 ⟨Asking a favor⟩
Excuse me. Would you mind taking a picture of us?

13 ⟨Camera shutter⟩
Just press here.

14 ⟨When entering a temple, etc.⟩
Should I take off my shoes?

15 How long does it take to get there?

⑧ ぜひ　見<ruby>見<rt>み</rt></ruby>たいです。
Zehi mitai desu.

⑨ もう　行<ruby>行<rt>い</rt></ruby>きました。
Mō ikimashita.

⑩ 何<ruby>何<rt>なに</rt></ruby>が　有名<ruby>有名<rt>ゆうめい</rt></ruby>ですか。
Nani ga yūmē desu ka?

⑪ 写真<ruby>写真<rt>しゃしん</rt></ruby>、とりたいです。いいですか。
Shashin, toritai desu. Ī desu ka?

⑫ すみません。写真<ruby>写真<rt>しゃしん</rt></ruby>、いいですか。
Sumimasen. Shashin, ī desu ka?

⑬ ここ、おして　ください。
Koko, oshite kudasai.

⑭ くつ、ぬぎますか。
Kutsu, nugimasu ka?

⑮ どれくらい　かかりますか。
Dorekurai kakarimasu ka?

1 Are there any recommended places?
👤 How about Harajuku? It is popular.

2 Do you know any interesting events?
👤 There is a festival in Asakusa today.

3 What time will the game start ?

4 Until what time are you open?

5 I want to rent a bicycle. Can I?

6 Where can I rent it?
👤 At this shop.

① おすすめの　場所^{ばしょ}は　ありますか。
Osusume no basho wa arimasu ka?

原宿^{はらじゅく}は　いかがでしょうか。人気^{にんき}が　あります。
Harajuku wa ikaga deshō ka?
Ninki ga arimasu.

② おもしろい　イベントは　ありますか。
Omoshiroi ibento wa arimasu ka?

今日^{きょう}、浅草^{あさくさ}で　お祭^{まつ}りが　あります。
Kyō Asakusa de o-matsuri ga arimasu.

③ しあいは　何時^{なんじ}からですか。
Shiai wa nan-ji kara desu ka?

④ 何時^{なんじ}まで　開^あいて　いますか。
Nan-ji made aite imasu ka?

⑤ 自転車^{じてんしゃ}を　借^かりたいです。できますか。
Jitensha o karitai desu. Dekimasu ka?

⑥ どこで　借^かりますか。
Doko de karimasu ka?

この　店^{みせ}です。
Kono mise desu.

1. Is this your first time in Japan?

2. Which is your country?

3. What's your name, please?

4. Is Japanese difficult?

5. What do you like about Japanese food?

👤 I like tempura.

1
日本は　初めてですか。
Nihon wa hajimete desu ka?

2
お国は　どちらですか。
O-kuni wa dochira desu ka?

3
お名前は？
O-namae wa?

4
日本語は　むずかしいですか。
Nihongo wa muzukashī desu ka?

5
日本の　食べ物は　何が　好きですか。
Nihon no tabemono wa nani ga suki desu ka?

てんぷらが　好きです。
Tenpura ga suki desu.

Vocabulary

43

☐ free	むりょう 無料 *muryō*
☐ not free	ゆうりょう 有料 *yūryō*
☐ Tourist information center	かんこうあんないじょ 観光案内所 *kankō an'nai-jo*
☐ tourist spots	かんこう 観光スポット *kankō suppoto*
☐ specialty	めいぶつ *mēbutsu*
☐ observatory	てんぼうだい 展望台 *tenbōdai*
☐ rental	レンタル *rentaru*
☐ trial	たいけん *taiken*
☐ tours	ツアー *tsuā*
☐ guide	ガイド *gaido*

☐ hiking	ハイキング *haikingu*
☐ castle	しろ 城 *shiro*
☐ days closed	きゅうかん び 休館日 *kyūkan-bi*
☐ courtesy bus	そうげい 送迎バス *sōgē-basu*
☐ business hours	えいぎょう じ かん 営業時間 *ēgyō jikan*
☐ weekdays	へいじつ 平日 *hējitsu*
☐ a 5-minute walk	と ほ　　ふん 徒歩５分 *toho go-fun*
☐ famous	ゆうめい／ゆうめいな〜 *yūmē / yūmē na ~*
☐ popular	にんき／にんきの〜 *ninki / ninki no ~*
☐ quietly	しず 静かに *shizuka ni*
☐ very close to ~	〜の すぐ そば *~no sugu soba*

➡There is also a vocabulary list on pages 196 to 199.

Transportation

Hotels

Restaurants

Shopping

Sightseeing

Health & Safety

44

When having a health problem

1 My head hurts. Please give me some medicine.

頭が 痛いです。薬 お願いします。

Atama ga itai desu. onegai-shimasu.

Stomach	Throat	Tooth
おなか	のど	歯
onaka	*nodo*	*ha*

2 I have a little fever.

熱が あります。

Netsu ga arimasu.

have a mild
ちょっと あります
chotto arimasu

have a 38-degree fever
38度 あります
sanjūhachi-do arimasu

③ I feel nauseous.

吐き気が　します。
Hakike ga shimasu.

chills 寒気 *samuke*	dizzy めまい *memai*

When did you start feeling unwell?

④ From yesterday.

きのうからです。
Kinō kara desu.

the day before yesterday おととい *Ototoi*	
three days ago 3日前 *mik-ka mae*	one week ago 1週間前 *is-shūkan mae*

When get injured

5 I injured my leg.

足を　けがしました。
Ashi o kega-shimashita.

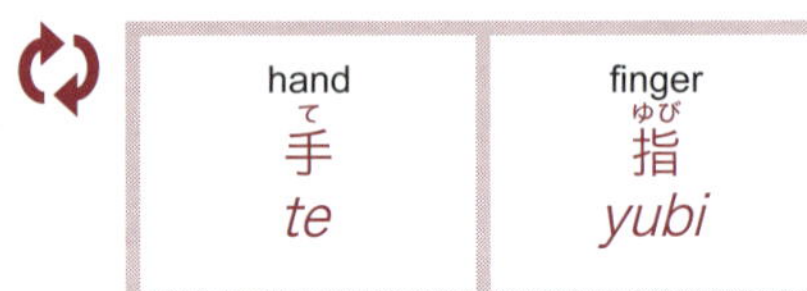

| hand
て
手
te | finger
ゆび
指
yubi |

Recovery

6 I got better.

よく　なりました。
Yoku narimashita.

| a little better
すこ　らく
少し　楽に
sukoshi raku ni | recovered
げん き
元気に
genki ni |

Run into trouble

 I can't find my bag.

わたしの　**かばん**が　ありません。
Watashi no kaban ga arimasen.

umbrella	glasses
かさ	めがね
kasa	*megane*

 I lost my wallet.

さいふを　なくしました。
Saifu o nakushimashita.

key	passport	ticket
かぎ	パスポート	チケット
kagi	*pasupōto*	*chiketto*

9 I dropped my contact lens.

<u>**コンタクトレンズ**</u>を　落^おとしました。

<u>*Kontakuto renzu*</u> *o* **otoshimashita.**

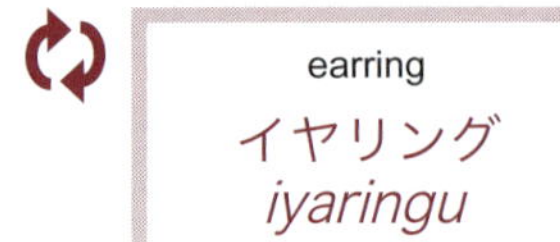

earring

イヤリング
iyaringu

★「落^おとす」 is often used in nearly the same way as 「なくす」.

10 My suitcase broke.

<u>**スーツケース**</u>が　こわれました。

<u>*Sūtsukēsu*</u> *ga* **kowaremashita.**

laptop

ノートパソコン
nōto pasokon

I forgot my bag in the train.

でんしゃ わす
電車に　かばんを　忘れました。
Densha ni kaban o wasuremashita.

hat in the store	smartphone in the bathroom
みせ 店に　ぼうし *mise ni bōshi*	トイレに　スマホ *toire ni sumaho*

Emergency

Please call an ambulance.

きゅうきゅうしゃ　　　　よ
救急車、呼んで　ください。
Kyūkyūsha, yonde kudasai.

the police	someone
けいさつ *kēsatsu*	だれか *dareka*

(1) I have no appetite.

(2) I feel lethargic. I would like to lie down.

(3) My chest hurts.

(4) I caught a cold.

(5) My nose is running.

(6) I am coughing.

(7) I can't stop coughing.

1 しょくよくが　ありません。
Shokuyoku ga arimasen.

2 体が　だるいです。よこに　なりたいです。
Karada ga darui desu. Yoko ni naritai desu.

3 むねが　苦しいです。
Mune ga kurushī desu.

4 かぜを　ひきました。
Kaze o hikimashita.

5 はなみずが　出ます。
Hanamizu ga demasu.

6 せきが　出ます。
Seki ga demasu.

7 せきが　止まりません。
Seki ga tomarimasen.

(8) I injured myself.

(9) I'm bleeding.

(10) Please give me some pain relief medicine.

(11) I am on my period.

(12) I am pregnant.

(13) I had my wallet stolen.

(14) Help!

(8) けがを　しました。
Kega o shimashita.

(9) 血が　出て　います。
Chi ga dete imasu.

(10) 痛み止めの　薬　お願いします。
Itami-dome no kusuri onegai-shimasu.

(11) 生理中です。
Sēri-chū desu.

(12) にんしん中です。
Ninshin-chū desu.

(13) さいふを　ぬすまれました。
Saifu o nusumaremashita.

(14) たすけて！
Tasukete!

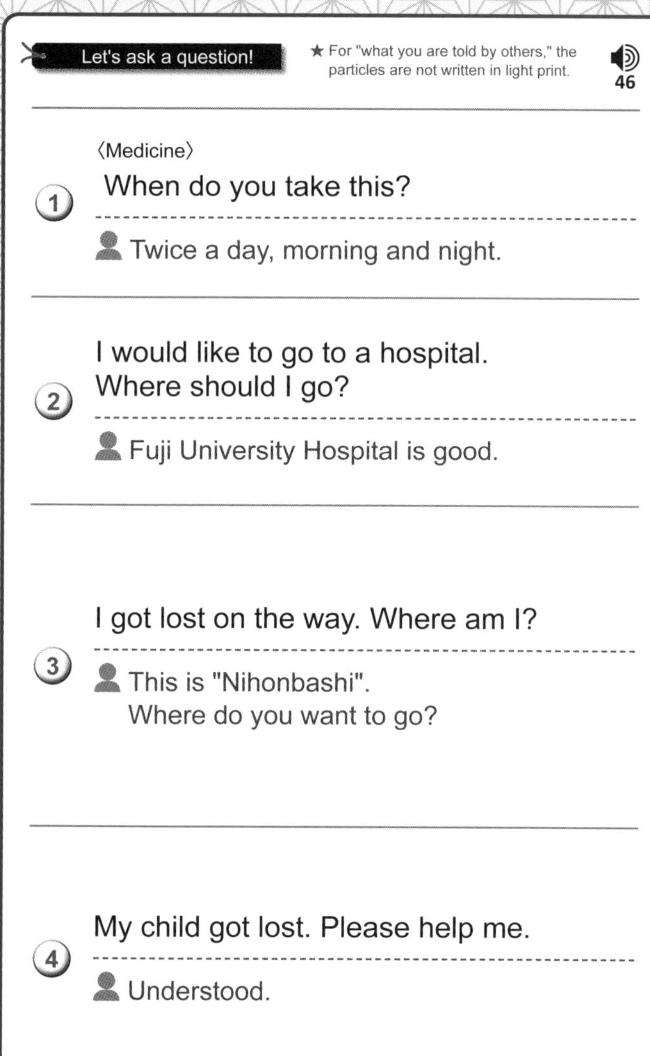

〈Medicine〉

1

When do you take this?

Twice a day, morning and night.

2

I would like to go to a hospital.
Where should I go?

Fuji University Hospital is good.

3

I got lost on the way. Where am I?

This is "Nihonbashi".
Where do you want to go?

4

My child got lost. Please help me.

Understood.

1

いつ　飲みますか。
Itsu nomimasu ka?

一日　2回、朝と　ばんに　飲みます。
Ichi-nichi ni-kai, asa to ban ni nomimasu.

2

病院に　行きたいです。どこが　いいですか。
Byōin ni ikitai desu. Doko ga ī desu ka?

ふじ大学病院が　いいです。
Fuji daigaku byōin ga ī desu.

3

すみません、道に　迷いました。
ここは　どこですか。
Sumimasen, michi ni mayoimashita.
Koko wa doko desu ka?

ここは「にほんばし」です。
どこに　行きたいですか。
Koko wa Nihonbashi desu.
Doko ni ikitai desu ka?

4

子どもが　迷子に　なりました。
助けて　ください。
Kodomo ga maigo ni narimashita.
Tasukete kudasai.

わかりました。
Wakarimashita.

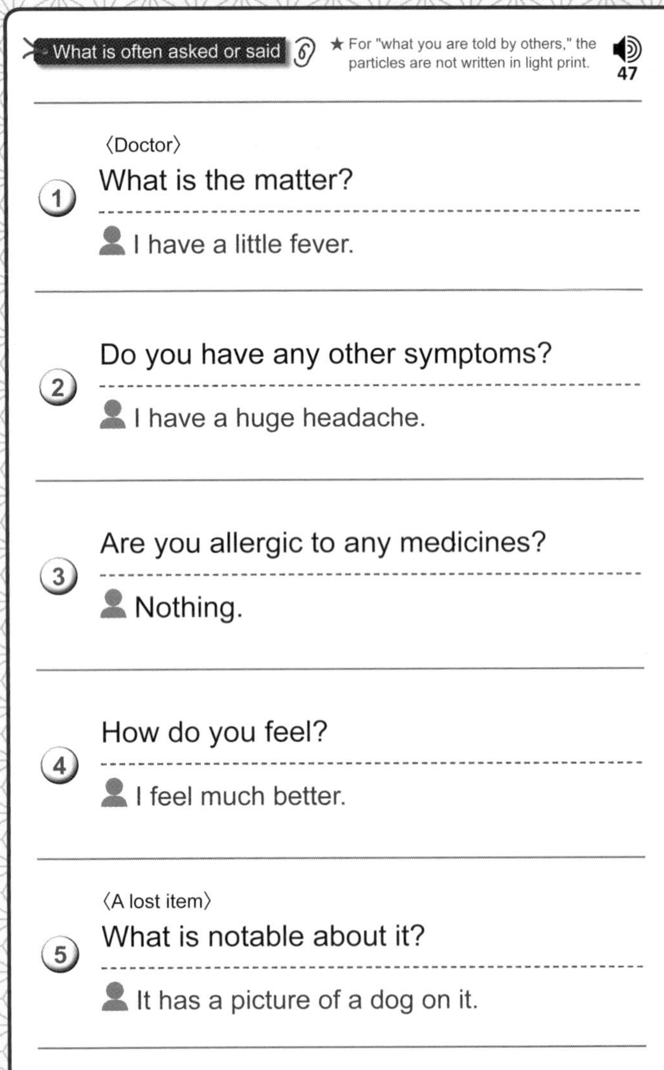

⟨Doctor⟩

1 What is the matter?

👤 I have a little fever.

2 Do you have any other symptoms?

👤 I have a huge headache.

3 Are you allergic to any medicines?

👤 Nothing.

4 How do you feel?

👤 I feel much better.

⟨A lost item⟩

5 What is notable about it?

👤 It has a picture of a dog on it.

1

どう　されましたか。
Dō saremashita ka?

熱が　少し　あります。
Netsu ga sukoshi arimasu.

2

ほかに　症状は　ありますか。
Hoka ni shōjō wa arimasu ka?

頭が　すごく　痛いです。
Atama ga sugoku itai desu.

3

薬の　アレルギーは　ありますか。
Kusuri no arerugī wa arimasu ka?

ありません。
Arimasen.

4

気分は　どうですか。
Kibun wa dō desu ka?

だいぶ　よく　なりました。
Daibu yoku narimashita.

5

どんな　とくちょうが　ありますか。
Don'na tokuchō ga arimasu ka?

犬の　絵が　あります。
Inu no e ga arimasu.

What color is it?

6 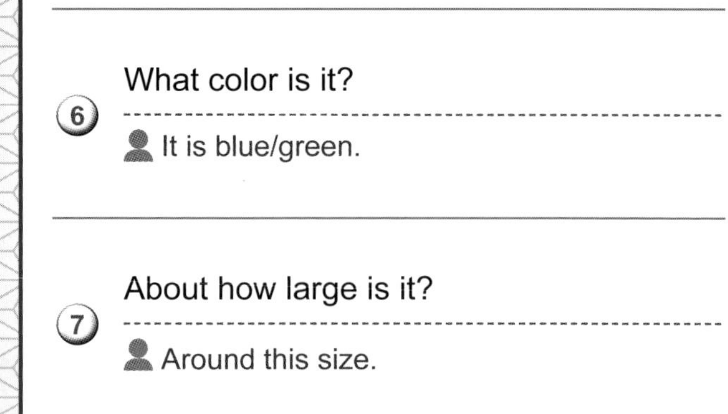

👤 It is blue/green.

About how large is it?

7

👤 Around this size.

6

<ruby>何色<rt>なにいろ</rt></ruby>ですか。

Nani-iro desu ka?

あおです。
Ao desu.

7

<ruby>大<rt>おお</rt></ruby>きさは　どれくらいですか。

Ōkisa wa dore kurai desu ka?

これくらいです。
Kore kurai desu.

Transportation

Hotels

Restaurants

Shopping

Sightseeing

Health & Safety

Vocabulary

48

☐ I feel terrible.	つらいです。 *Tsurai desu.*
☐ I'm tired.	つかれました。 *Tsukaremashita.*
☐ Please call someone.	だれか　呼んで　ください。 *Dare ka yonde kudasai.*
☐ Are you ok?	だいじょうぶですか。 *Daijōbu desu ka?*
☐ Don't worry.	しんぱいしないで　ください。 *Shinpai-shinaide kudasai.*
☐ No problem.	もんだい　ありません。 *Mondai arimasen.*
☐ That's dangerous!	あぶない！ *Abunai !*
☐ Be careful!	気を　つけて！ Ki o tsukete !
☐ Please contact me.	わたしに　れんらくして　ください。 *Watashi ni renraku-shite kudasai.*
☐ inspection	しんさつ *shinsatsu*
☐ hospitalization	にゅういん nyūin
☐ embassy	たいしかん *taishikan*

➡ There is also a vocabulary list on pages 199 to 201.

PART 3

Mini Practical Guide to Better Know Japan

Fixed Route Buses

There are fixed route buses all across Japan. They are cheap and convenient, so please try using them as a means of transportation.

Getting on a Bus

Check where the bus is going on the indicator near the front door or the upper side of the front of the bus. The entrance to the bus is toward its front or its center, and the method of payment will be different depending on where it is.

Boarding from the Front

❶ Pay a set fare when you board.

❷ Get off from the door in the back.

Boarding from the Rear

❶ Receive a ticket when you board.

If you are using an IC card, tap the card against the panel near the door when you get on and get off to pay your fare.

❷ When you hear an announcement for your destination, press the disembark button.

❸ Look at the fee board near the top of the front windshield to see your number and the corresponding fare.

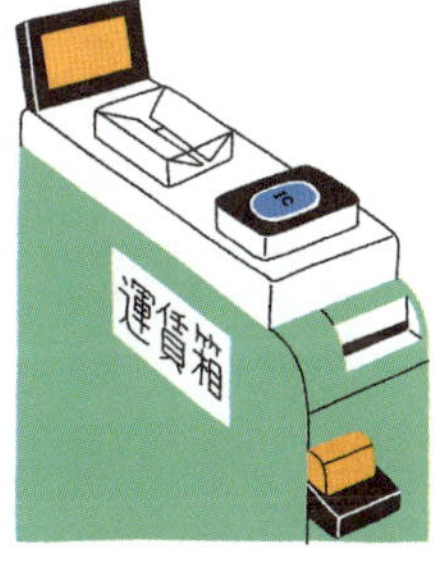

❹ Place your money inside the fare machine beside the driver.
*If you do not have coins, place a bill inside the area that says 「両替 *ryōgae*」.

When the door closes at the stop you want to get off at
　→ *"Sumimasen, orimasu!"*

When you are giving up your seat→ *"Dōzo."*

When someone gives up their seat for you→ *"Dōmo."*

Japanese Fast Food 1
牛丼屋 *Gyūdon-ya*

「牛丼 *gyūdon*」, also known as 「牛めし *gyūmeshi*」, is a dish of stewed beef and onions over rice. 「牛丼屋 *gyūdon-ya*」 have chains that have expanded across the country. They are cheap and can be used with ease.

Related Vocabulary

並 *nami* ／ 並盛 *namimori*…A regular-sized portion.
小盛 *komori* ／ ミニ mini…A smaller-than-regular portion.
大盛 *ōmori*…A larger-than-regular portion.
特盛 *tokumori*…A portion even larger than 「大盛 *ōmori*」.

How to use

Using a Ticket Machine—at Chain M

❶ Press the 「店内 *ten'nai*」 (eat in) button if you are eating in, and press the 「弁当 *bentō*」 (take out) button for take-out.

❷ Select what you want to order from the menu, then insert your money.

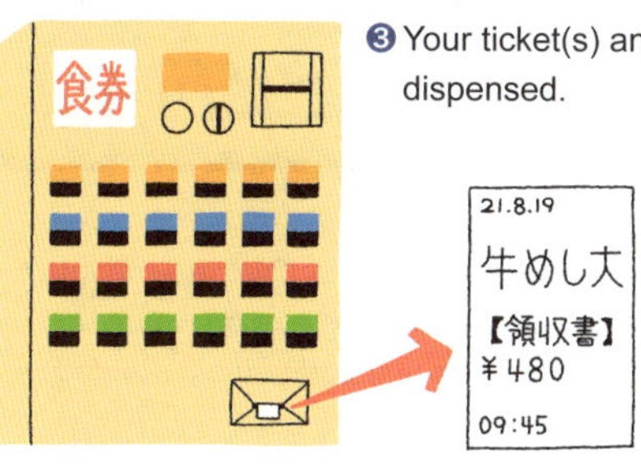

❸ Your ticket(s) and change will be dispensed.

❹ Sit in an open seat and hand your ticket(s) to an employee.

Ordering Directly—at Chain Y

❶ Sit in an open seat, then choose what you want to order from the menu.

❷ Call an employee over and order.
  Ex. *Sumimasen, gyūdon no nami to misoshiru.*

❸ Call an employee and pay for your meal at your seat.
  Ex. *Sumimasen, kaikē, onegai-shimasu.*

📝 **Tidbits**

Boxes are placed that offer customers 「*benishōga*」 (pickled ginger) for free. Place some on top of your beef bowl if you would like.

Conveyor Belt Sushi Restaurants
回転寿司屋 *Kaitenzushi-ya*

While there are high-end sushi restaurants used in situations such as entertaining VIPs, many people eat at conveyor belt sushi restaurants. Prices start at a hundred yen a plate and they feature many menu items aside from sushi, allowing you to enjoy a meal there with ease.

Basic Words and Information

Nigiri…Rice topped with another ingredient.

Maki…Rice and another ingredient rolled in roasted seaweed.

Gunkan…A round piece of rice wrapped in roasted seaweed with an ingredient placed on top.

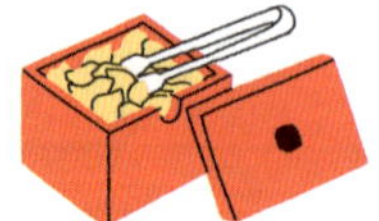

Gari… Sweet and sour pickled ginger. It refreshes your mouth.

★ Note that prices will change depending on the color or pattern of the plate.

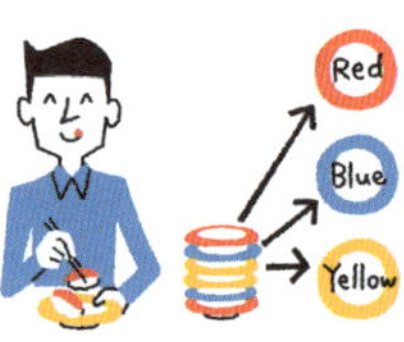

How to Order

When there is a touch panel at the seat

❶ Touch the screen and look over the menu.

❷ Once you have chosen what you want to eat, touch the "Order" button.
(You will then wait for around 5-10 minutes)

❸ A sound will play notifying you that your order has arrived.

❹ Pick your order up from the conveyor belt.

★ You can take items going around on the conveyor belt at any time. However, be careful to not take someone else's order.

❺ Press " 会計 " for accounting when you finish eating.

❻ The clerk calculates the amount.

📝 Tidbits

❶ Try your best to eat a piece in one bite.
❷ Put soy sauce not on the rice, but on the topping. You can also drizzle soy sauce on top of the piece.

Shrine ―神社 *Jinja*

Gods are enshrined at Shinto shrines. However, it is said that there are a myriad of gods that are worshiped at different shrines.

How to visit a shrine

❶ First, cleanse your body. This is done at a place known as the "*chōzusha*," where one uses a "*hishaku*" (used to scoop water) to pour water over your left hand, followed by your right. Finally, use the water to cleanse the inside of your mouth.

Walk on the edge of the path.

❷ Proceed to the shrine and bow lightly.

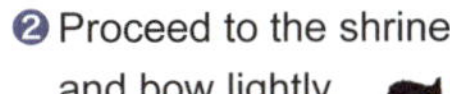

❸ Place money in the offering box.

❹ Ring the bell once or three times.

❺ Bow deeply two times.

❻ Clap two times at chest height.

❼ Put your hands together and pray.

❽ Bow lightly.

Temples —お寺 *O-tera*

Temples are places that worship Buddha (generally called 「仏様 *hotoke-sama*」). Their inner shrines contain Buddhist statues, while their grounds contain bells. There are many Buddhist statues with a great amount of cultural value.

How to Visit a Temple

❶ Bow before going through the *sanmon* (main gate).

★ Take off your hat
★ Do not step on the threshold

❷ Cleans your hands by washing them with water, like you would at a Shintō shrine.

❸ If there is a place to burn incense, further cleanse your body by entering into the smoke.

❹ Place money in the offering box.

❺ Worship.

How to Worship at a Temple

❶ Put your hands together and pray.

❷ Bow lightly as it is.

📝 Tidbits

❶ Shrines and temples offer "*omikuji*," which divine one's luck.

[Ex.] 大吉 *Daikichi* (Great luck)
　　　 吉 *Kichi* (Good luck)
　　　 小吉 *Shoukich*i (Modest luck)
　　　 凶 *Kyō* (Bad luck)

　　　　★ Other degrees also exist.

❷ Good-luck charms said to lead one to safety or success are also available.

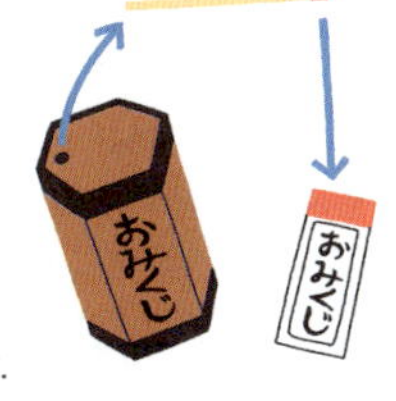

[Ex.] 交通安全 *Kōtsūanzen*: A charm for avoiding traffic accidents.
　　　 無病息災 *Mubyōsokusai*: A charm for avoiding sickness and remaining healthy.
　　　 恋愛成就 *Ren'aijōju*: A charm for romance to go well.
　　　 商売繁盛 *Shōbaihanjō*: A charm for work to go well.

Festivals in Japan

Every year in Japan, various festivals with their own characteristics are held during different seasons and around different areas. If you have a chance, try going to one.

Tokyō *Sanja Matsuri*

Period: The third Friday/Saturday/Sunday
A festival held at Asakusa Shrine, next to Senso-ji, the popular tourist spot. It is one of Tokyo's leading festivals, attracting around 2 million individuals each year.

Kyōto *Gion Matsuri*

Period: July
A large-scale festival with a history that goes back over a thousand years, taking place over the course of a month. It is known for its "dashi" (a large decorated float pulled all around during the festival that people play instruments on top of) known as Yamahoko.

Aomori *Nebuta (Neputa) Matsuri*

Period: Early August
Notable for its large "nebuta" dashi that feature magnificent illustrations and decorations that are lit up at night as they parade through the streets.

Tokushima *Awaodori*

Period: Mid-August

Features heated rhythmical music performances and dancing by synchronized groups of kimono-clad women. Tokyo's Koenji Awa-Odori is also well known.

Ōsaka *Kishiwada Danjiri Matsuri*

Period: During a public holiday in late September
A highly impactful festival known for its Yarimawashi where massive groups pull large dashi as they heroically run around with vigor.

Nagasaki *Nagasaki Kunchi*

Period: October 7-9

A lively and colorful festival with boat-shaped dashi with large dragons, whales, and more placed on top. You will be able to feel the charm of Nagasaki, a place that once flourished as Japan's doorway to the rest of the world.

Hokkaidō *Sapporo Yuki Matsuri*

Period: From the end of January to the beginning of February
Various works made with snow, including famous buildings and anime characters, will be exhibited.

Japanese dialects

49

● Most popular dialect phrases by area

Sapporo / Aomori / Sendai

おばんです。
Oban desu. ➡ Good evening.

めんこい
menkoi ➡ cute
[Ex.] 「めんこい　赤ちゃん！」
"Menkoi akachan!" What a cute baby!

Nagoya

えらい
erai ➡ hard, exhausted. so tired
[Ex.] 「あー、えら。」 Oh, I'm exhausted.
　　　"Ā, era."

★ "Erai" is commonly used in Kansai and other areas west of Nagoya.

でら
dera ➡ very, terribly
[Ex.] 「（味は）どう？」「でら、＊うまいよ！」
"(Aji wa) dō?" "Dera, umai yo!"
"How does it taste?" "It's so delicious!"

★ *umai* : casual expression of "delicious".

Ōsaka / Kyōto

あかん
akan ➡ no good, unacceptable

おおきに
Ōkini. ➡ Thank you.

おもろい
omoroi ➡ funny

ほんま
honma ➡ true, really

Ex. 「ほんま、おおきに。」
"Honma, ōkini." Thank you so much.

ほな
Hona ➡ Well, Well then

Ex. 「ほな、おげんきで。」
"Hona, o-genki de."
"Well, take care. / Alright then, see you soon."

Hiroshima

〜じゃけぇ／〜じゃけん
~jakē /~jaken ➡ because~

たいぎい
taigī ➡ exhausting, can't be bothered

Ex. 「あー、たいぎい。」
"Ā, taigī." I can't be bothered.

ぶち
buchi ➡ very, terribly

Ex. 「この　お好み焼き、ぶち　うまい！」
"Kono okonomiyaki, buchi umai!"
"This okonomiyaki tastes really good!"

ばり
bari ➡ very, terribly

何　しよっと？
Nani shiyotto? ➡ What are you doing?

どげんしたと？
Dogen shita to? ➡ What happened

Okinawa

にふぇーでーびる。
Nifē dēbiru. ➡ Thank you.

なんくるないさー。
Nankuru naisā. ➡ Things will work out.

くわっちーさびたん。
Kuwacchī sabitan. ➡ Thank you for the meal.

How to say colors

 白
shiro   white

 オレンジ
orenji   orange

 黒
kuro   black

 ピンク
pinku   pink

 赤
aka   red

 紫
murasaki   purple

 青
ao   blue

 灰色／グレー
haiiro / gurē   gray

 黄色
kīro   yellow

 茶色
chairo   brown

 緑
midori   green

 金
kin   gold

Focus on Japanese in town

Here are some real Japanese you can see in the city.

両替
ryōgae money exchange
※**機** =machine
★It is often seen at lockers.

きけん（危険）
kiken danger

たちいりきんし（立入禁止）
tachiiri-kinshi keep out

使用中 occupied, in use
shiyō-chū
★It is often seen at a toilet.

階段
kaidan stairs

売場
uriba section

サンダル
sandaru sandals

注意
chūi attention

券売機 Ticket-vending machine
kenbai-ki

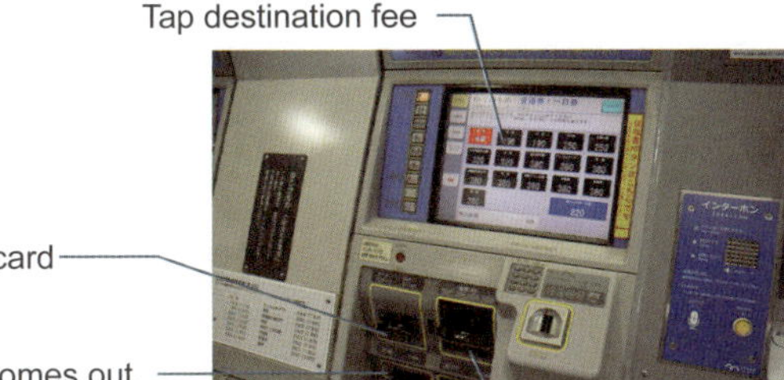

カード
kādo card

きっぷ
kippu ticket

しへい／おさつ
shihē / o-satsu bill

おつり
o-tsuri change

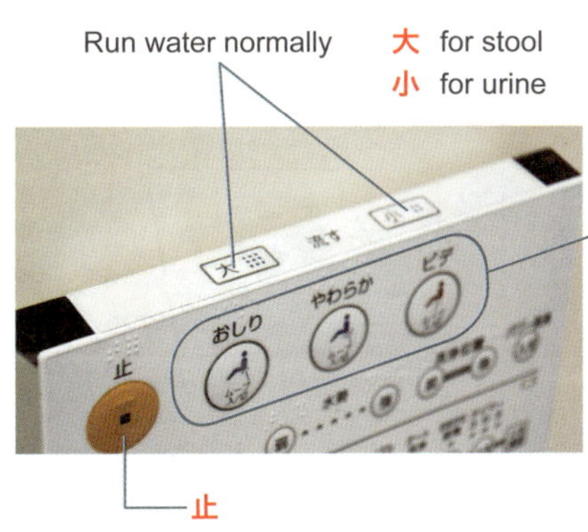

止
（止まる）
tomaru stop

〜番線
~ bansen　platform ~

ホーム
hōmu

指定席
shitē-seki　reserved seat

自由席
jiyū-seki　non-reserved seat

改札　ticket gate
kaisatsu

乗り越す　miss one's stop
norikosu

乗り越し精算
norikoshi-sēsan　fare adjustment

Shop 1

セール
sēru sale

免税
menzē tax free

割引
waribiki discount

半額
hangaku fifty percent off

特価
tokka special price

Shop 2

営業中 We're open
ēgyō-chū

準備中 Opening soon
junbi-chū

定休日 Regularly closed on~
tēkyū-bi

おにぎり rice ball
onigiri

ツナ
tsuna tuna

マヨネーズ
mayonēzu mayonnaise

定価
tēka
tax

the front

the back

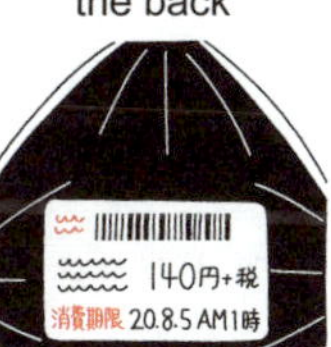

賞味期限
shōmikigen best before date

製造年月日
sēzōnengappi the date of manufacture

消費期限
shōhikigen expiration

お品書き

o-shinagaki   menu

定食

tēshoku   set menu

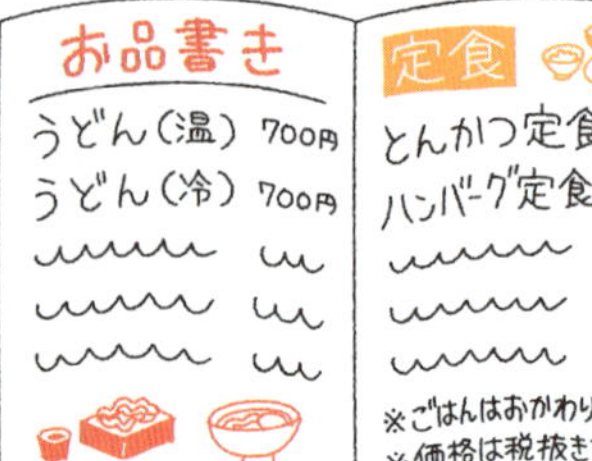

温

on   hot

冷

rē   cold

おかわり

okawari   refill

価格

kakaku   price

無料

muryō   no charge

税抜

zēnuki   tax excluded

平日

hējitsu   week day

土日

donichi

Saturday and Sunday

祝

shuku   public holiday

日替わり

higawari   daily special

いずれも

izuremo   everything is

ドリンク

dorinku   drinks

*same as nomimono

〜付き

~tsuki   with~, include~

Frequently used verbs

	present, future	past	negative
go	*ikimasu*	*ikimashita*	*ikimasen*
come	**kimasu** [来ます]	*kimashita*	*kimasen*
go back	*kaerimasu*	*kaerimashita*	*kaerimasen*
ride, get on	*norimasu*	*norimashita*	*norimasen*
get off	*orimasu*	*orimashita*	*orimasen*
get up	*okimasu*	*okimashita*	*okimasen*
sleep, go to bed	*nemasu*	*nemashita*	*nemasen*
eat	*tabemasu*	*tabemashita*	*tabemasen*
drink	*nomimasu*	*nomimashita*	*nomimasen*
buy	*kaimasu*	*kaimashita*	*kaimasen*
pay	*haraimasu*	*haraimashita*	*haraimasen*
wear	**kimasu** [着ます]	*kimashita*	*kimasen*
watch, see, look	*mimasu*	*mimashita*	*mimasen*
do	*shimasu*	*shimashita*	*shimasen*
understand	*wakarimasu*	*wakarimashita*	*wakarimasen*
know	*shitteimasu*	*shirimashita*	*shirimasen*

Frequently used adjectives

big, large	*ōkī desu*
small, little	*chīsai desu*
long	*nagai desu*
short	*mijikai desu*
heavy	*omoi desu*
light	*karui desu*
expensive	*takai desu*
cheap	*yasui desu*
hot	*atsui desu*
cold	*tsumetai desu*
hot [weather]	*atsui desu*
cold [weather]	*samui desu*
early, fast	*hayai desu*
slow	*osoi desu*
near	*chikai desu*
far	*tōi desu desu*
delicious	*oishī desu*
funny, interesting	*omoshiroi desu*
good, fine	*ī desu*
bad	*warui desu*

like	*suki desu* *suki na (tabemono)*
dislike	*kirai desu* *kirai na (tabemono)*
beautiful, clean	*kirē desu* *kirē na (hito), kirē na (mizu)*
quiet	*shizuka desu* *shizuka na (heya)*
noizy	*urusai desu* *urusai (heya)*
hard, tough	*taihen desu*
ok, all right	*daijōbu desu*

Phrases Index

39	This one, please.	Kore, onegai-shimasu.	88
40	To Tokyo Station, please.	Tōkyō-eki made onegai-shimasu.	60
41	Two people.	Futari desu.	95
42	Wait a minute.	Chotto matte kudasai.	34
43	Yes, it's fine.	Hai, daijōbu desu.	99

Physical condition, trouble, etc.

1	I am coughing.	Seki ga demasu.	139
2	I can't find my bag.	Watashi no kaban ga arimasen.	131
3	I feel cold	Samui desu.	74
4	I feel hot.	Atsui desu.	74
5	I feel nauseous.	Hakike ga shimasu.	133
6	I forgot my bag in the train.	Densha ni kaban o wasuremashita.	137
7	I got better.	Yoku narimashita.	134
8	I got lost on the way.	Sumimasen, michi ni mayoimashita.	143
9	I have a fever.	Netsu ga arimasu.	132
10	I have no appetite.	Shokuyoku ga arimasen.	139
11	I injured myself.	Kega o shimashita.	141
12	I lost my room key.	Kagi o nakushimashita.	77
13	I lost my wallet.	Saifu o nakushimashita.	135
14	I went too far.	Norisugoshimashita.	51
15	I would like to go to a hospital.	Byōin ni ikitai desu.	143
16	I'm full.	Onaka ippai desu.	93
17	I'm sorry. [apology]	Sumimasen.	32
18	My head hurts.	Atama ga itai desu.	132
19	Please call an ambulance.	Kyūkyūsha, yonde kudasai.	137
20	Please help me.	Tasukete kudasai.	142
21	Pork is forbidden. / I can't eat pork.	Butaniku wa dame desu.	89

Travel Vocabulary Collection

50

Transportation

- arrival
  到着（とうちゃく）
  touchaku

- bicycle
  自転車（じてんしゃ）
  jitensha

- boarding gate
  搭乗口（とうじょうぐち）
  tōjōguchi

- bound for ~
  ～行
  ~yuki/iki

- bus
  バス
  basu

- bus stop
  バス停
  basutē

- car
  くるま
  kuruma

- check-in counter
  チェックインカウンター
  chekku in kauntā

- customs
  税関（ぜいかん）
  zēkan

- delay
  遅延（ちえん）
  chien

- delay
  遅れ
  okure

- departure
  出発（しゅっぱつ）
  shuppatsu

- destination
  もくてきち
  mokutekichi

- gate
  ゲート
  gēto

- intersection
  こうさてん
  kōsaten

- local time
  げんちじかん
  genchi jikan

- non-reserved seat
  自由席（じゆうせき）
  jiyūseki

- on time
  じかんどおり
  jikan-dōri

- operation suspended
  運転見合わせ（うんてんみあわせ）
  unten-miawase

- pedestrian crossing
  おうだんほどう
  ōdanhodō

- quarantine
  検疫（けんえき）
  ken'eki

- reserved seat
  指定席（していせき）
  shitēseki

- security check
  セキュリティチェック
  sekyuritī chekku

- ship
  ふね
  fune

- station
  駅
  eki

- stop operation
  運休（うんきゅう）
  unkyū
- street
  通り
  tōri
- subway
  地下鉄（ちかてつ）
  chikatetsu
- taxi
  タクシー
  takushī
- taxi stand
  タクシー乗り場
  takushī-noriba
- temperature
  きおん
  kion
- the emergency exit
  非常口（ひじょうぐち）
  hijōguchi
- time difference
  じさ
  jisa
- time table
  じこくひょう
  jikoku-hyō
- towards~, for~
  ～方面（ほうめん）
  ~hōmen
- traffic light
  信号（しんごう）
  shingō
- train
  でんしゃ
  densha
- transfer
  乗り継ぎ
  noritsugi

Hotels

51

- air conditioner
  エアコン
  eakon
- baggage
  荷物（にもつ）
  nimotsu
- bathroom
  トイレ
  toire
- beauty salon
  びよういん
  biyōin
- blanket
  ブランケット／もうふ
  buranketto / mōfu
- breakfast
  あさごはん／ちょうしょく
  asagohan / chōshoku
- cancel
  キャンセルする
  kyanseru suru
- cash
  げんきん
  genkin
- check in
  チェックイン
  chekku in
- check out
  チェックアウト
  chekku auto
- deposit
  まえきん
  maekin
- dinner
  ばんごはん／ゆうしょく
  bangohan / yūshoku

- dry cleaning
ドライクリーニング
dorai kurīningu

- extend my(our) stay
えんぱくする
enpaku suru

- extra charge
別料金（べつりょうきん）
betsu ryōkin

- fee, rate, charge
料金（りょうきん）
ryōkin

- few / a little
すくない
sukunai

- first floor
１階
ikkai

- hair dryer
ドライヤー
doraiyā

- hot spring
温泉（おんせん）
onsen

- hotel
ホテル
hoteru

- international call
こくさいでんわ
kokusai-denwa

- (an) iron
アイロン
airon

- Japanese inn
旅館（りょかん）
ryokan

- Japanese-style room
和室（わしつ）
washitsu

- large public bath
大浴場（だいよくじょう）
dai-yokujō

- laundry
ランドリー
randorī

- lobby
ロビー
robī

- lunch
ひるごはん／ちゅうしょく
hirugohan / chūshoku

- make a reservation
よやくする
yoyaku suru

- many
おおい
ōi

- no vacancy
満室（まんしつ）
manshitsu

- open air bath
ろてんぶろ
roten-buro

- (~yen) per night
１ぱく〜円
ippaku ~ yen

- personal computer
パソコン
pasokon

- pillow
まくら
makura

- public bath
銭湯（せんとう）
sentō

- receipt
りょうしゅうしょ
ryōshūsho

- reception
フロントデスク
furonto desuku

- refrigerator
れいぞうこ
rēzōko

- registration card
しゅくはくカード
shukuhaku kādo

- room
へや
heya

- service charge
サービス料
sābisu-ryō

- sheet
シーツ
shītsu

- sink
せんめんじょ
senmenjo

- soap
せっけん
sekken

- thermometer
たいおんけい
taion kē

- towel
タオル
taoru

- vacant
空いている
aiteiru

- valuables
きちょうひん
kichōhin

- vending machine
自動販売機 （じどうはんばいき）
jidōhanbaiki

- wake-up call
モーニングコール
mōningu kōru

- Western-style room
洋室 （ようしつ）
yōshitsu

Restaurants 52

- a bottle of white wine
白ワイン のボトル
shiro wain no botoru

- a glass of red wine
グラスの 赤ワイン
gurasu no aka wain

- a la carte
いっぴんりょうり
ippin-ryōri

- a set meal
セットメニュー
setto-menyū

- appetizer
ぜんさい
zensai

- apple
りんご
ringo

- bacon
ベーコン
bēkon

- bagel
ベーグル
bēguru

- baked
やいた
yaita

- banana
  バナナ
  banana
- beef
  ぎゅうにく
  gyūniku
- bitter
  にがい
  nigai
- boiled
  ゆでた
  yudeta
- bread
  パン
  pan
- butter
  バター
  butter
- café
  カフェ
  kafe
- café au lait
  カフェオレ
  kafe ore
- cake
  ケーキ
  kēki
- check
  会計（かいけい）
  kaikē
- cheeseburger
  チーズバーガー
  chīzubāgā
- chicken
  とりにく
  toriniku
- Chinese food
  中華（ちゅうか）りょうり
  chūka ryōri
- chocolate
  チョコレート
  chokorēto
- chopsticks
  おはし
  o-hashi
- coffe
  コーヒー
  kōhī
- coke
  コーラ
  kōra
- cold
  つめたい
  tsumetai
- cookie
  クッキー
  kukkī
- crab
  カニ
  kani
- cream
  クリーム
  crīmu
- cucumber
  きゅうり
  kyūri
- delicious
  おいしい
  oishī
- desert
  デザート
  dezāto
- dish
  さら
  sara
- doughnut
  ドーナツ
  dōnatsu

53

- draft beer
生ビール
nama bīru

- egg
たまご
tamago

- extra plate
とりざら
tori zara

- family restaurant
ファミレス
famiresu

- fish
さかな
sakana

- fixed menu
コースりょうり
kōsu ryōri

- fork
フォーク
fōku

- french fries
フライドポテト
furaido poteto

- fried
あげた
ageta

- fried chicken
フライドチキン
furaido chikin

- fried fish
さかなの フライ
sakana no furai

- fruit
くだもの
kudamono

- fully booked
満席（まんせき）
manseki

- garlic
にんにく
nin'niku

- glass
グラス
gurasu

- grape
ぶどう
budō

- green tea
お茶
o-cha

- ham
ハム
hamu

- hamburger
ハンバーガー
hanbāgā

- hard
かたい
katai

- hot, spicy
からい
karai

- hot
熱い
atsui

- hungry
おなかが すいている
onaka ga suiteiru

- jam
ジャム
jamu

- Japanese food
和食（わしょく）
washoku

- Japanese fried chicken
からあげ
karaage

▓ Japanese sweets
和菓子（わがし）
wagashi

▓ Japanese-style bar
居酒屋（いざかや）
izakaya

▓ juice
ジュース
jūsu

▓ latte
カフェラテ
kafe rate

▓ lemon
レモン
remon

▓ lunch box
弁当（べんとう）
bentō

▓ maccha
抹茶（まっちゃ）
maccha

▓ mayonnaise
マヨネーズ
mayonēzu

▓ milk
牛乳（ぎゅうにゅう）
gyūnyū

▓ mustard
マスタード
masutādo

▓ noodles
めん
men

▓ octopus
たこ
tako

▓ okonomiyaki
お好み焼き
okonomiyaki

▓ olive oil
オリーブオイル
orību oiru

▓ onion
たまねぎ
tamanegi

▓ orange
オレンジ
orenji

▓ order
ちゅうもん
chūmon

▓ pineapple
パイナップル
painappuru

▓ pancake
パンケーキ
pankēki

▓ pasta
パスタ
pasuta

▓ pepper
こしょう
koshō

▓ pie
パイ
pai

▓ pizza
ピザ
piza

▓ pork
ぶたにく
butaniku

▓ potato
じゃがいも
jagaimo

▓ ramen
ラーメン
rāmen

■ raw
生の
nama no

■ restaurant
レストラン
resutoran

■ rice
ごはん
gohan

■ rice ball
おにぎり
onigiri

■ rotten
くさっている
kusatte iru

■ sake
日本酒（にほんしゅ）
nihonshu

■ salami
サラミ
sarami

■ salmon
サーモン
sāmon (sake)

■ salt
しお
shio

■ salty
しょっぱい
shoppai

■ sandwich
サンドイッチ
sandoicchi

■ sausage
ソーセージ
sōsēji

■ seasoning
調味料（ちょうみりょう）
chōmiryō

■ seaweed
のり
nori

■ service charge
サービス料
sābisu-ryō

■ set menu meal
定食（ていしょく）
tēshoku

■ shop clerk
てんいん
ten'in

■ shrimp
えび
ebi

■ smell
におい
nioi

■ snack
軽食（けいしょく）
kēshoku

■ soda
ソーダ／たんさん
sōda / tansan

■ soft
やわらかい
yawarakai

■ soup
スープ
sūpu

■ sour
すっぱい
suppai

■ soy souce
しょうゆ
shōyu

■ spaghetti
スパゲティー
supagetī

▓ spoon	▓ Thai food
スプーン	タイりょうり
supūn	*tai ryōri*
▓ squid	▓ toast
いか	トースト
ika	*tōsuto*
▓ steak	▓ today's special
ステーキ	本日（ほんじつ）のおすすめ
sutēki	*honjitsu no o-susume*
▓ steamed	▓ tomato
むした	トマト
mushita	*tomato*
▓ strawberry	▓ tuna
いちご	マグロ
ichigo	*maguro*
▓ strong	▓ vacancy
こい／つよい	空席（くうせき）
koi / tsuyoi	*kūseki*
▓ sugar	▓ vegetable
さとう	やさい
satō	*yasai*
▓ sushi	▓ vinegar
すし（寿司 / 鮨）	酢
sushi	*su*
▓ sushi rolls	▓ wasabi
まきずし	わさび
makizushi	*wasabi*
▓ sweet	▓ water
あまい	水
amai	*mizu*
▓ table charge	▓ weak
せきりょう	うすい／よわい
sekiryō	*usui / yowai*
▓ taste	▓ Western-style food
あじ	洋食（ようしょく）
aji	*yōshoku*
▓ tea	▓ whisky with soda
紅茶（こうちゃ）	ハイボール
kōcha	*hai bōru*

◼ with~, including~
〜付
~tsuki

◼ yakitori
焼き鳥（やきとり）
yakitori

◼ yogurt
ヨーグルト
yōguruto

Shopping

55

◼ (an) envelope
ふうとう
fūtō

◼ backpack
リュック
ryukku

◼ bakery
パン屋
pan'ya

◼ ball-point pen
ボールペン
bōru pen

◼ batteries
でんち
denchi

◼ black
黒
kuro

◼ blouses
ブラウス
burausu

◼ blue
青
ao

◼ bookstore
ほんや
hon'ya

◼ bright color
あかるい 色
akarui iro

◼ brown
茶色（ちゃいろ）
chairo

◼ cardigans
カーディガン
kādigan

◼ charger
じゅうでんき
jūdenki

◼ cheap
安い
yasui

◼ children's clothing
こども服
kodomo-fuku

◼ clock
とけい
tokē

◼ coats
コート
kōto

◼ collar
えり
eri

◼ convenience store
コンビニ
konbini

◼ cosmetics
化粧品（けしょうひん）
keshōhin

◼ dark color
くらい 色
kurai iro

◼ closed
締切（しめきり）
shimekiri

- department store
  デパート
  depāto
- discount
  割引（わりびき）
  waribiki
- dresses
  ワンピース
  wanpīsu
- drugstore
  ドラッグストア
  doraggu sutoa
- duty-free shop
  免税店（めんぜいてん）
  menzēten
- elevator
  エレベーター
  erebētā
- escalator
  エスカレーター
  esukarētā
- exchange rate
  かわせレート
  kawase rēto
- expensive
  高い
  takai
- extra large
  LL サイズ
  erueru-saizu
- fitting room
  試着室（しちゃくしつ）
  shichaku-shitsu
- flea market
  フリマ
  furima
- garbage can
  ゴミばこ
  gomibako

- gray
  グレー
  gurē
- green
  緑
  midori
- handbag
  ハンドバッグ
  hando baggu
- bag / handbag / luggage
  カバン
  kaban
- ice cream
  アイス
  aisu
- including~
  ～込
  ~komi
- jackets
  ジャケット
  jaketto
- jeans
  ジーンズ
  jīnzu
- large
  L サイズ
  eru-saizu
- light blue
  水色（みずいろ）
  mizuiro
- liquor store
  酒屋（さかや）
  saka-ya
- long sleeve
  長そで
  naga-sode
- market
  市場（いちば / しじょう）
  ichiba / shijō

- medium
  M サイズ
  emu-saizu

- orange
  オレンジ
  orenji

- pantyhose / stockings
  ストッキング
  sutokkingu

- pharmacy
  薬局（やっきょく）
  yakkyoku

- potato chips
  ポテトチップス
  poteto chippusu

- price
  ねだん
  nedan

- purple
  紫
  murasaki

- receipt
  レシート
  reshīto

- red
  赤
  aka

- restroom
  化粧室（けしょうしつ）
  keshōshitsu

- rice ball
  おにぎり
  onigiri

- sale
  セール
  sēru

- service counter
  サービスカウンター
  sābisu kauntā

- shop
  おみせ
  o-mise

- shopping mall
  ショッピングモール
  shoppingu mōru

- short sleeve
  半そで
  han-sode

- shoulder bag
  ショルダーバッグ
  shorudā baggu

- skirts
  スカート
  sukāto

- sleeve
  そで
  sode

- sleeveless
  そでなし
  sode-nashi

- small
  S サイズ
  esu-saizu

- socks
  くつした
  kutsu shita

- souvenir shop
  みやげもの屋
  miyagemono-ya

- special price
  特価（とっか）
  tokka

- stairs
  階段（かいだん）
  kaidan

- stamp
  きって
  kitte

- stationery shop
  ぶんぐ店
  bungu-ten

- suitcase
  スーツケース
  sūtsu kēsu

- sunscreen
  ひやけどめ
  hiyake-dome

- supermarket
  スーパーマーケット
  sūpāmāketto

- sweaters
  セーター
  sētā

- swimsuits
  水着（みずぎ）
  mizugi

- tax
  ぜいきん
  zēkin

- toothbrush
  歯ブラシ
  ha-burashi

- toothpaste
  歯みがきこ
  ha-migaki-ko

- toy shop/toy store
  おもちゃ屋
  omocha-ya

- try on
  試着（しちゃく）する
  shichaku-suru

- T-shirts
  Ｔシャツ
  tīshatsu

- umbrellas
  傘
  kasa

- wallets
  さいふ
  saifu

- white
  白
  shiro

- women's clothing
  婦人服（ふじんふく）
  fujin-fuku

- writing pad
  びんせん
  binsen

- yellow
  黄色（きいろ）
  kīro

Sightseeing & Activities 57

- (an) amusement park
  遊園地（ゆうえんち）
  yūenchi

- (an) aquarium
  水族館（すいぞくかん）
  suizokukan

- (an) art museum
  美術館（びじゅつかん）
  bijutsukan

- admission
  入場料（にゅうじょうりょう）
  nyūjō-ryō

- advance tickets
  前売券（まえうりけん）
  maeuri-ken

- banned
  禁止（きんし）
  kinshi

- baseball
  やきゅう
  yakyū

- basketball
  バスケット
  basuketto

- boat
  ボート
  bōto

- bridge
  橋
  hashi

- brochure
  パンフレット
  panfuretto

- caution
  注意（ちゅうい）
  chūi

- cherry blossoms
  さくら
  sakura

- cloakroom
  にもつあずかりじょ
  nimotsu azukarijo

- closing time
  閉館時間（へいかんじかん）
  hēkan jikan

- cloudy
  くもり
  kumori

- cold
  さむい
  samui

- comfortable
  かいてき
  kaiteki

- cool
  すずしい
  suzushī

- danger
  危険（きけん）
  kiken

- driver's license
  運転免許証
  （うんてんめんきょしょう）
  unten-menkyoshō

- entrance
  入口（いりぐち）
  iriguchi

- exit
  出口（でぐち）
  deguchi

- festival
  まつり
  matsuri

- half-day tour
  半日（はんにち）ツアー
  hanichi-tsuā

- historical spot
  しせき
  shiseki

- hot
  あつい
  atsui

- iced
  こおる
  kōru

- information desk
  案内所（あんないじょ）
  an'naijo

- insurance
保険（ほけん）
hoken

- map
地図（ちず）
chizu

- mountain
山
yama

- movie theater
映画館（えいがかん）
ēgakan

- museum
博物館（はくぶつかん）
hakubutsukan

- No runnning
はしるな
hashiruna

- No touching
さわるな
sawaruna

- opening time
開館時間（かいかんじかん）
kaikan jikan

- park
公園（こうえん）
kōen

- parking lot
ちゅうしゃじょう
chūshajō

- pick-up point
しゅうごうばしょ
shūgō basho

- place to rest
休憩所（きゅうけいじょ）
kyūkējo

- plaza
ひろば
hiroba

- rainy
雨
ame

- rental charge
レンタル料金（りょうきん）
rentaru-ryōkin

- river
川
kawa

- sea
海
umi

- shrine
神社（じんじゃ）
jinja

- sightseeing tour
かんこうツアー
kankō-tsuā

- ski
スキー
sukī

- snow
雪
yuki

- snow board
スノーボード
sunōbōdo

- soccer
サッカー
sakkā

- sunny
晴れ
hare

- swim
すいえい
suiei

- temple
寺
tera

- tennis
テニス
tenisu
- theater
劇場（げきじょう）
gekijō
- thunder
かみなり
kaminari
- ticket office
チケット売り場
chiketto uriba
- tickets for today's show
当日券（とうじつけん）
tōjitsu-ken
- to reenter
さいにゅうじょう
sainyūjō
- tour fee
ツアー料金（りょうきん）
tsuā-ryōkin
- trip
旅行（りょこう）
ryokō
- typhoon
たいふう
taifū
- unconfortable
不快（ふかい）
fukai
- waterfall
たき
taki
- weather
てんき
tenki
- zoo
動物園（どうぶつえん）
dōbutsuen

Health

59

- ambulatory practice
外来（がいらい）
gairai
- blood type
けつえきがた
ketsueki-gata
- bone
ほね
hone
- brain
脳
nō
- burn
やけど
yakedo
- clinic
クリニック
kurinikku
- cold / chilly
さむけが する
samuke ga suru
- cold medicine
かぜぐすり
kaze-gusuri
- dentist
歯医者（はいしゃ）
ha-isha
- dentistry
歯科（しか）
shika
- diarrhea
げり
geri
- diet
ダイエット
daietto

- dizzy
  めまいがする
  memai ga suru

- doctor
  医者（いしゃ）
  isha

- fever
  ねつ
  netsu

- fit
  ほっさ
  hossa

- gynecology
  婦人科（ふじんか）
  fujinka

- headache
  ずつう
  zutsū

- healthy
  けんこうてき
  kenkō-teki

- heart
  しんぞう
  shinzō

- heavy
  だるい
  darui

- hospital
  病院（びょういん）
  byōin

- influenza / flu
  インフルエンザ
  infuruenza

- injection, shot
  ちゅうしゃ
  chūsha

- examination
  けんさ
  kensa

- muscle
  きんにく
  kinniku

- nurse
  かんごし
  kangoshi

- obstetrics and gynecology
  産婦人科（さんふじんか）
  sanfujinka

- operation
  しゅじゅつ
  shujutsu

- ophthalmology
  眼科（がんか）
  ganka

- pain medicine
  ちんつうざい
  chintsūzai

- prescription
  しょほうせん
  shohōsen

- side effect
  ふくさよう
  fukusayō

- skin
  ひふ
  hifu

- sore throat
  のどの いたみ
  nodo no itami

- sprain
  ねんざ
  nenza

- stomach
  胃
  i

- stomach medicine
  いぐすり
  i-gusuri

- supplement
サプリ
sapuri

- throwing up / nausea
はきけ
hakike

Safety 🔊 60

- accident
事故（じこ）
jiko

- air ticket
航空券（こうくうけん）
kōkūken

- ambulance
きゅうきゅうしゃ
kyūkyūsha

- camera
カメラ
kamera

- credit card
クレジットカード
kurejitto-kādo

- emergency
緊急（きんきゅう）
kinkyū

- fire engine
しょうぼうしゃ
shōbōsha

- groper
ちかん
chikan

- loss
ふんしつ
funshitsu

- lost and found
ふんしつぶつ とりあつかい
じょ
funshitsubutsu-toriatsukai-jo

- lungs
肺
hai

- money
お金
o-kane

- passport
パスポート
pasupōto

- pickpocket
スリ
suri

- police station
けいさつ
kēsatsu

- smart phone
スマホ
sumaho

- swindle
さぎ
sagi

- thief
どろぼう
dorobō

- traffic accident
交通事故（こうつうじこ）
kōtsū-jiko

- wallet
さいふ
saifu

- I
  わたし
  watashi

- we
  わたしたち
  watashitachi

- you
  あなた
  anata

- you(pl)
  あなたたち
  anatatachi

- he
  かれ
  kare

- they(men)
  かれら
  karera

- she
  かのじょ
  kanojo

- they(women)
  かのじょら
  kanojora

- everyone
  みんな
  minna

- mother
  おかあさん
  okāsan

- father
  おとうさん
  otōsan

- elder sister
  おねえさん
  onēsan

- elder brother
  おにいさん
  onīsan

- younger sister
  いもうと
  imōto

- younger brother
  おとうと
  otōto

- grandfather
  おじいさん
  ojīsan

- grandmother
  おばあさん
  obāsan

- husband
  おっと
  otto

- wife
  つま
  tsuma

- son
  むすこ
  musuko

- daughter
  むすめ
  musume

- child
  こども
  kodomo

- baby
  あかちゃん
  akachan

- family
  かぞく
  kazoku

- home
  いえ
  ie

friends
ともだち
tomodachi

lover
こいびと
koibito

my
わたしの
watashi no

my country
わたしの くに
watashi no kuni

my home
わたしの いえ
watashi no ie

Miscellaneous 62

basement
地下（ちか）
chika

beautiful
うつくしい
utsukushī

cartoon, anime
アニメ
anime

city
市
shi

clean
きれい
kirē

comic
まんが
manga

country
国
kuni

cute
かわいい
kawaī

deep
深い
fukai

difficult
むずかしい
muzukashī

dirty
きたない
kitanai

easy
かんたん
kantan

funny
おもしろい
omoshiroi

gentle
やさしい
yasashī

narrow
せまい
semai

non-smoking
禁煙（きんえん）
kin'en

prefecture
県
ken

smoking room
喫煙所（きつえんじょ）
kitsuen-jo

village
村
mura

wide
ひろい
hiroi

● **著者／清ルミ**

常葉大学名誉教授。日欧産業協力センター日本言語文化研修責任者、NHK教育テレビ「新にほんごでくらそう」講師、アメリカ国務省日本語研修所専任教官などを歴任。平成5年度文化庁長官表彰被表彰者。主な著書に『日本人がよく使う　お決まり表現180』『日本人がよく使う日本語会話 オノマトペ基本表現180』（以上、Jリサーチ出版）など。

Author / Rumi Sei

Professor emeritus of Tokoha University. Supervisor of Japanese language & culture in Human Resource Training Programmes in EU-Japan Centre, former lecturer for the NHK educational program Shin Nihongo de Kurasou, full-time instructor at the United States Department of State Foreign Service Institute Japanese Language and Area Training Center, and more. Recipient of the 2023 Commissioner for Cultural Affairs Award. Major publications include *Nihonjin ga yoku tsukau Nihongo kaiwa okimari hyōgen 180* (180 Common Native Japanese Figures of Speech in Regular Conversation), *Nihonjin ga yoku tsukau Nihongo kaiwa onomatope kihon hyōgen 180* (180 Basic Onomatopoeia Expressions Used by Native Japanese Speakers in Regular Conversation) (Published by J-Research Press) etc.

レイアウト・DTP　オッコの木スタジオ
カバーデザイン　斉藤啓
本文イラスト　横川功
翻訳　Alex Ko Ransom ／ Jenine Heaton

Japanese for Travelers Made Easy
かんたん日本語☆旅手帳

令和2年（2020年）　5月10日　初版　第1刷発行
令和7年（2025年）10月10日　　　　第4刷発行

著　者　清ルミ

発行人　福田富与

発行所　有限会社Jリサーチ出版
　　　　〒166-0002
　　　　東京都杉並区高円寺北2-29-14-705
　　　　電　話　03(6808)8801（代）　FAX　03(5364)5310
　　　　編集部　03(6808)8806
　　　　http://www.jresearch.co.jp
　　　　twitter 公式アカウント　@Jresearch_
　　　　https://twitter.com/Jresearch_

印刷所　シナノ パブリッシング プレス

ISBN 978-4-86392-483-3